ファンシー絵みやげ天国

FANCY ILLUSTRATION SOUVENIR PARADISE

はじめに

MILK POT
KIYO SATO
DAZAIFU
MILK
RABBIT GANG
FAMOUS
NAUGHTY BOY
TAKE SKi GOODS!
PLANNING OFFICE JIMMY CLUB

あなたはファンシー絵みやげを知っていますか。１９８０年代から１９９０年代にかけて日本中の観光地で売られていた子ども向け雑貨みやげの総称です。漫画タッチのイラストを使ったお土産品たちのことは、長らく人々の記憶から消えかけていました。これは明確な総称が普及していなかったことが原因なのではないかと思い、〝ファンシー絵みやげ〟という名称を考案したのです。それから筆者は10年以上かけて日本全国の観光地の土産店・売店を調査し、現在も生存個体を保護するという活動を続けています。

ファンシー絵みやげについてはすでに拙著『ファンシー絵みやげ大百科 忘れられたバブル時代の観光地みやげ』（２０１８年 イースト・プレス刊）にて詳細に紹介していますが、商品の種類がおそらく数十万種と推定され、あまりに文化として奥が深いため、まだまだ伝えきれていない部分が多数存在します。

その中でも、筆者が特に伝えたいのは、全国流通する商品にはないファンシー絵みやげの魅力です。そのひとつが「軽いノリ」と、そこからくる可笑しさ。本書では、その部分にフォーカスして、ファンシー絵みやげが持つ楽しさや時代の空気感をお伝えしていきます。

目次

本書はWebサイト「NeWORLD」での連載「山下メロのファンシー絵みやげ天国」(2021年8月～2023年2月)を加筆・修正したものです。

ファンシー絵みやげとは

Chapter 0

01 ファンシー絵みやげって何？

まずはわかりやすく「楽しい部分」をご紹介したいところですが、その前に、ファンシー絵みやげ（以下…ファみやげ）とは一体何なのかをお伝えしなくてはなりません。

前述の通り、ファみやげは数十万種類つくられたと推定でき、その形態もさまざまです。そんな中、共通して見られることが多い3つの特徴があります。

1. 実用性
2. 絵の簡略化
3. 英字や手書き文字

02 ただの置物じゃない、その実用性

まず**「実用的であること」**。ファみやげ以前は、工芸品的な土産品（人形などの置物や装飾目的のもの）が多くそれらは飾るくらいしか用途がありませんでした。しかし、ファみやげは、何らかの用途を持った道具であるということがほとんどなのです［左図］。

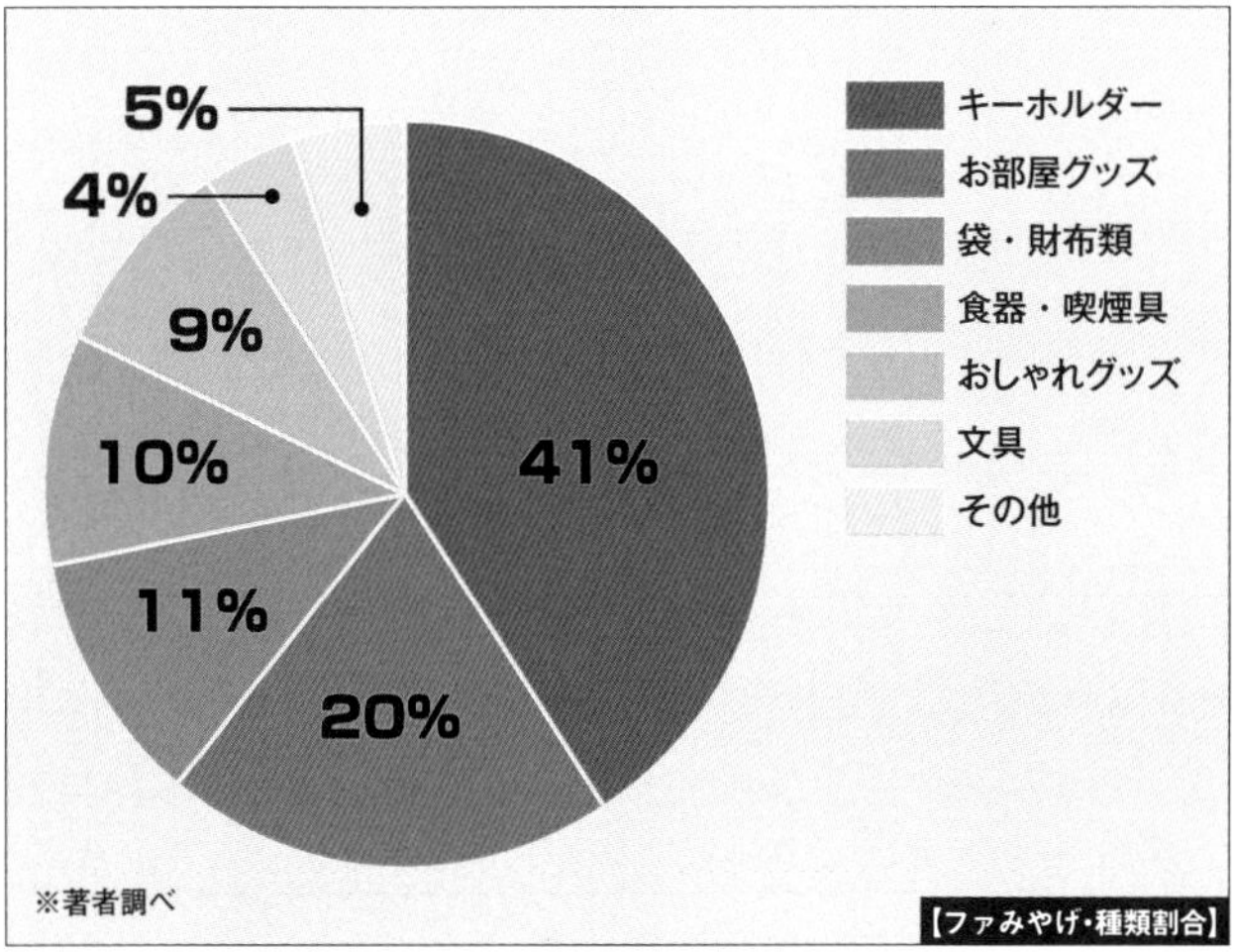

※著者調べ
【ファみやげ・種類割合】

⬆「HEART LAND CLUB(MINT&MILK)」のれん（山口県岩国市・錦帯橋）

03 一番多いのはキーホルダー

たとえば一番種類が多いと推定されるキーホルダー。

これは**鍵を扱いやすくし、失くさないようにするという用途**があります。

旅先から持ち帰りやすいサイズであること、子どものお小遣いでも買いやすい価格であること、またランドセルにつけて学校へ持っていき、**どこへ旅行に連れて行ってもらったかをアピールできること**など、複数のメリットがあるためにたくさん生産され、売られていました。

まず、図1の「ぼくちゃんビーチ」は、男の子が**全裸でサーフボードを抱えて走っている謎の状況……。**水着はどうしたのでしょうか。そして**清里は高原の原宿と呼ばれたくらい自然がいっぱいな山の上。**なのになぜサーフボード……。そもそも清里は山梨県と長野県の県境にあり、どちらの県も海はない……。このイラストに海は描かれてないんですが**「ビーチ」って言ってますからね。しかもヤシの木。**

[図1]「ぼくちゃんビーチ」
アクリルキーホルダー（山梨県・清里）

この「ぼくちゃんビーチ」は主に海水浴場などの名前が入って全国的に商品が作られているキャラクターなのですが、まさかKIYOSATOの地名を入れてしまうとは……。これは裏を返せばターゲットである子どもが、**地域の風土に無関心だから誰も気にしなかった**ということなのでしょう。

また、ファみやげのキーホルダーは金属製、または金属プレートの上に樹脂でコーティングしたものが99%くらいです。平成後期からは「ア

【にんじん娘なのになぜ“CHAPPUん”なのか!?】

[図2]「CHAPPUん KID」ステンレスカップ（地名なし）

クキー」と略されるアクリル製キーホルダーが主流ですが、この時代は少数派でした。

04 次に多いのは食器関係

キーホルダーの次に多いと推定されるのは、陶磁器の湯呑みや灰皿。これらもしっかりと用途があるアイテムです。

こちらの実用性は、器として。「実用的な商品」というのはファみやげにおいて、とても重要なポイントです。よくあるのがマグカップ、皿、丼、徳利、茶碗など。あらゆる食器にイラストを転写しています。

子どもが買うという前提上、有名な窯元の焼き物ということはなく、型で作った磁器の量産品がほとんどです。

なかでも、登山客が多いエリアなどに存在するのがステンレス素材の商品です[図2]。リュックサックにぶら下げることが多いため、ボールチェーンが付属することも。ソロキャンプやおうちキャンプを含むアウトドア需要が高まっている**今こそふたたび使える商品**と言えるでしょう。

ちなみにこの**「CHAPPUん KID」**というシリーズには男の子と女の子があり、ともに農作業着のような格好で天秤棒を担いでいる姿になっています。こちらの女の子は「にんじん娘だべ」ということで、にんじんがいっぱいに入った2つの籠を担いでおり、田原俊彦さんの「NINJIN娘」にも通ずる牧歌的な世界観です。

しかし、男の子のほうは「ちゃっぷん」という音が示す通り、液体状のものを運んでいます。しかも**「くさぁ〜」**というセリフ付き。**つまり肥え汲みというわけです。**現代で伝わるのでしょうか。肥え汲み。後にバキュームカーになるわけですが、汲み取り式便所のアレをコレしてくれる、生活に無くてはならないお仕事。それを溜めておいて肥料にする肥溜めというものが存在して、漫画なんかでは通学路脇のそれに落っこちるという描写がありましたが、筆者も正直見たことがありません。

肥え汲みの話にそれましたが、アウトドアでは衛生的な水を飲まなくてはなりませんので、水を汲むステンレスカップとしては、描かれているのが男の子ほうじゃなくて良かったな……と、まあ、そんなことを考えてしまったのです。

続いて図3もまた食に関する実用的な商品。これは新京極の土産店「京のふるさと」にて、すでに売り物ではなく、自宅で使用されていたものをお譲りいただきました。

旅館なんかの和定食で、1人用の小さい鍋についてきそうなサイズのフタなのですが、あれよりも表面の処理はシンプル。こちらはその「ヌードルキャップ」の名の通り、容器入り即席めんの代名詞**「カップヌードル」**などを食べ**るときに、お湯を入れたあとに上に載せるためだけのフタ**です。

下駄の歯のように2本並んだ取っ手により、イラストを印刷すべき平面が分割されてしまっているのですが、それでもうまいこと情報をバラして入れています。

【この渋いルックス、
カップ麺のための
アイテムなのです。】

[図3]「ABARENBÔTAI SHINSENGUMI」
ヌードルキャップ（京都市）

ちなみにカップ麺のフタは珍商品のようで意外と売れるのか、いくつかの観光地で別の絵柄のものが見つかりました。特筆すべきバリエーションとしては、**端に回転する砂時計が付属**していて、それで3分が計れてしまう便利なフタまであったのです。剥き出しの砂時計が割れそうで少し怖いですが。

05 ファンシー文具は土産品にしやすい

実用品のファみやげには、そのまま子どもが学校で使える文房具というのも存在します。

たとえば図4の定規は、黒地に金色で文字が描かれていて、しかも目盛りは漢数字。**ツッパリにも好まれそうな派手かつ渋い仕様**となっています。

ちなみに、水戸黄門のファみやげは、かつて水戸藩が存在した茨城県の水戸でよく見つかりますが、こちらは太秦《うずまさ》映画村。水戸光圀公が有名になったテレビ時代劇『水戸黄門』の撮影をしていたということから、水戸に負けじと商品が多数あります。

といっても、京都には新選組、龍馬、舞妓さんなどキャラクターが豊富に存在し、さらに映画村にも色んなキャラクターがいるので、黄門様が重要すぎる水戸に比べると余裕を感じます。

実用性の高い文房具も、鉛筆などの筆記具となるとプリント面積が狭いため、ファみやげ的なイラストを配置するのが非常に難しくなります。そのため、ノートやメモパッド、下敷きといったものが多くなる傾向にあるのです。

たとえば図5のテープカッターにしても、よくある小さいテープカッターは、テープの側面しか覆われてないタイプが多いですが、こちらはスッポリと包むような構造となっており、そのぶん大きくデザインを入れられるようになっています。こちらについては、実用的な商品でありながらも、コンパクトさよりデザイン重視、それも**イラストなどをいかに大きくプリントできるかというところに主眼が置かれた商品**なのです。

ちなみにイラストは日光東照宮の彫刻になっ

[図4]「KôMONSAN」
定規（京都市・東映太秦映画村）

[図5]「NIKKO TRIO the MONKEY」
テープカッター（栃木県・日光）

ている「見ざる・言わざる・聞かざる」をサルとのダジャレにしている「三猿」から。日光は修学旅行の定番スポットなのでファみやげが多く、この三猿のイラストのバリエーションも豊富いです。

通常の「見ざる」は手で目を覆い、「言わざる」は手で口を押さえ、「聞かざる」は手で耳を塞いでいるものなのですが、ファみやげの三猿は時代を反映して**「見ざる」はヤンキー風の三角形のサングラス**で視界を遮り、**「言わざる」はシンナーを吸って歯がボロボロのヤンキー風**なのかマスクで発声を遮り、**「聞かざる」はウォークマンのヘッドホンで外の音を遮る**というイラストが定番です。

新型コロナウイルスの流行によりマスクをして外出する風景が当たり前になった令和初頭、この「言わざる」のマスクにも、シンナーとはまた違った親近感をおぼえます。

鉛筆側を回すタイプの小型でプラスチック製の鉛筆削りはよくありますが、図6は小さいながらも手回しハンドルがついています。

通常このタイプの鉛筆削りは鉛筆を固定する「おさえ」がついていたり、回した反動で動かないように本体が金属製で重厚だったりします。しかし、こちらはそれを克服するために底面に4つの吸盤がついており、これを机などに吸着させて固定するるというアイディア商品。

デザインされたシールを貼るだけで商品となる手軽さもあいまって、いくつかの観光地で確認されています。

続いて図7の太宰府天満宮といえば、学問の神様・菅原道真公を祀る神社。そのため受験生などがお守りとして持ちやすい土産品が好まれます。ランドセルや通学カバンに付けられるキーホルダーは定番ですが、このような小銭入れも肝要です。なにしろ小学生で、まだ自分の財布を持っていなくても、受験会場のあるよく知らない土地へ行きます。当時は交通系ＩＣカードなんかもありませんので、基本的には現金主義。文字通り小銭を握りしめて行くと紛失しますし、テストに集中しなくてはならない状況でお金を落とす不安に心を乱されている場合ではないので、それはもう小銭入れが活躍するのです。

十数枚の小銭と、イザというときのためのぶんも含めて折りたたんだ千円札数枚。そしてお守りを全部入れることができます。色んな意味で受験生向けの、理にかなったアイテム。しかもこの財布自体に道真公の御真影が神々しいまでの金箔押しで印刷されていますので、なおさら合格の手助けとなることでしょう。

あとは、**革財布ＫＡＷＡＺＡＩＦＵ**と**太宰府ＤＡＺＡＩＦＵ**のダジャレという可能性も否めません。

いや、なんなら先に挙げた合理的な理由などは一切考えておらず、単にダジャレを思いついたから作った可能性すらあります。

そんな思いつきから本革に金箔押しという、現在ではあり得ないくらいコストをかけた子ども向け商品が生まれた可能性があるのも、景気が良い時代らしさですね。

しかし現人神であった道真公を、威厳を損ねるような幼い顔に描いた商品群は、後に太宰府天満宮の参道で販売が禁止されたのではないか

[図6]「りょうまくん」鉛筆削り（高知県）

[図7]「MICHIZANEKUN」本革ウォレット
（福岡県・太宰府天満宮）

[図8]「いーじゃないかよぉ」
ハンディーモップ（北海道）

【持ち帰りやすいミニサイズのまな板。】

[図9]「KAGA CHILD'S NOTO CHILD'S」まないた（石川県）

という情報があります。近年、筆者が現地で購入した際も、

「え、そんなのどこにあったの？　売ってあげるけど、隠して持って帰ってね」

……と、言われ、闇取引のようにビクビクしながら持ち帰ったものです。

06 家事を楽しく⁉　大人向けファみやげ

人はなぜ観光地で掃除用具を買いたくなるのか。

人はなぜ観光地でハンディーモップを買うのか。

そんな問いが聞こえてきそうな図8。

ファみやげには色々な実用的商品があれども、こと掃除用具についてはマイナーです。

他には、ミトンのように手を入れて掃除する「ハンドモップ」という、非常に似通った商品くらいしか思い浮かびません。ハンドモップは、手袋くらいのサイズで印刷範囲が広いため商品化に適しているのですが、ハンディーモップは**「え⁉　そこに印刷するの⁉」というような、狭小空間に文字とイラストを印刷**しています。しかも、平面でなく曲面です。

そこまでしてイラストを印刷しなくては商品として成立しないという、何か切迫したものを感じずにはいられません。それだけファみやげにおいては「絵」がアイデンティティなのです。

これさえあれば、机の上や車の中など、ほんのちょっとだけ掃除したいときに便利です。

しかし、なぜこれを観光地で……？

やはり専業主婦が多かった当時、お母さんに「もっと掃除してね！」的なプレッシャー込みでお土産として渡していたのでしょうか……。

人はなぜ、旅先でまな板を買って帰るのか。

その謎はいまだに解明されていない。

というわけで、図9を俎上《そじょう》に載せようと思います。

北陸地方の石川県は、大きく加賀と能登に分かれます。どちらかではなく両方を含ませる意味で「KAGAっ子　NOTOっ子」などといっ

た表記が多く「ISHIKAWA」という表記はほぼ見かけません。しかも、その石川県由来の木を使っているということはないのです。地場産業だから木製品というわけではなく、単にどこでも売ることができる商品です。

では、なぜまな板なのでしょうか。その前に、まずはファみやげにおける「返礼品」としての「家族モノ」の話をしなくてはなりません。

ファみやげに、子どもが使わない灰皿や徳利、そしてまな板などが存在するのは、つまるところ**修学旅行のお小遣いをくれた人への返礼品**なのです。

「おばあちゃんがお小遣いの1万円くれたから、おばあちゃんには特別なお土産を買ってきなさい」

……などと、母親から「義母に対する忖度」ともいうべき指令を受けた記憶があります。同様にお小遣いの出資者が誰かによって、誰に特別なお土産を買うかが決まっていました。他の家族に対しては、まとめて温泉まんじゅうなどを買えばいいわけです。

かわいい老婆のイラストとともに「おばあちゃん、いつまでも長生きしてね」などと書かれた湯呑みも、まさに**「おばあちゃんが欲しがりそうなものを考える」という手間を省略した、子ども目線の商品**なのです。世代が違い過ぎるおばあちゃんが喜ぶものなど子どもは思いつきません。おばあちゃんは孫が買ってきたものなら何でも嬉しいものなのですが、子どもはそうは考えないので、何を買うべきか悩みます。そんな時**「おばあちゃん＝四六時中お茶を淹れて飲んでるから湯呑み」という図式で湯呑みを買う**わけです。

本来のおばあちゃんの趣味からすれば、由緒正しい窯元の○○焼などの湯呑みを欲するでしょうが、もちろん子どもがもらうお小遣いの範囲では気軽に買えませんし、どれが良いかなど子どもには分かりません。子どもが買える範囲の、型で作られた大量生産品の湯呑みに、おばあちゃんの趣味ではないけれど、子どもが好きな漫画タッチのイラストの湯呑み。でも孫が選んで買って来たということで、いつまでもおばあちゃんはそれを使ってくれるのです。なんなら、実家に帰ったら今もまだ使っていたという話も聞いたことがあります。

おばあちゃんの話ばかりしていますが、同じ感じでおじいちゃんやお父さんお母さん、シリーズによってはお兄さんお姉さんも網羅して、**「家族モノ」というジャンル**を築いています。家族という組織における肩書きが書かれているだけで、お土産を選びやすくなるのです。**「ぼく」「わたし」**というものもあって、こちらは自分用に買ってもらったり、**祖父母や両親がお土産に買ってくるときに「こういう漫画っぽいものなら喜ぶよね」ということで、孫や子ども向けに「選ぶ手間が省ける」画期的なアイテム**なのです。

そういう分かりやすい「家族モノ」アイテム以外に、家族に買って帰るのが先述したお父さん向けの灰皿や徳利、お猪口などの酒器にゴルフグッズ、そしてお母さん向けのエプロンやキッチンミトン（鍋つかみ）、そして珍しい例としてまな板があるわけです。

お父さん＝酒、タバコ、ゴルフ　お母さん＝専業主婦＝料理、掃除というバブル時代のステレオタイプな図式ですが、まさにそういった時代だったのです。お父さんは嗜好品や趣味に生きて、お母さんは専業主婦として家事をする。それが、そのまま子どもが両親に買って帰るお土産品にも表れているのです。子どもはそんなにハッキリと両親の欲しがるものが分からなかったりしますので、父親はタバコを吸ってるなと思えば、とりあえず灰皿を買って帰ります。そこにファンシーなイラストが入っていて、それを父親が好むかどうかなどは二の次です。

このパターンでは祖父母と違って使ってくれないケースがほとんどでした。**「このイラストさえなければ使えるのに……」**といった感じで、よく箱入り未使用のまま仕舞い込まれ、引っ越しの際に捨てられるか、未使用品しか買い取らないリサイクルショップに売却されがちです。それでも、子どもが買ってきれくれたものだから嬉しいはず。**にしても、まな板です。**

07 簡略化されたキャラクターと地域の特色

実際に、ファみやげにプリントしてあるのはどんなイラストなのでしょうか？

それが第二の特徴である**「絵の簡略化」**です。ファみやげに使われるイラストの多くにとって重要な簡略化。はたしてそれはどういったものなのか、詳しく説明していきます。

08 当時も「ファンシー」と呼ばれていた

「ファンシー絵みやげ」における「絵」は、単にイラストというだけでなく、立体物（3D）に対する平面（2D）ということを表してます。すでに紹介したように「ファみやげ以前」の土産品は、こけしや木彫りの熊、巨大な将棋の駒など置き物がメインでした。その多くは立体造形物ですが、**ファみやげは既存の実用品に平面の絵を印刷**しています。色んなものにプリントするためには、平面の絵が必要で、その「絵」がアイデンティティなのです［図10］。

もっと言えば、同じキャラクターのひとつの「絵」をいくつかの実用的なアイテムに印刷して商品化する方法は、当時ファンシーショップで売られていたサンリオやサンエックスの文房具やオシャレグッズの手法と同じです。

ファみやげの「ファンシー」は、そんなファンシーショップのファンシーグッズとの共通点からきています。実際に当時こういったお土産品を「ファンシー」と呼んでいた可能性は高く、高速道路のパーキングエリアやサービスエリアの売店に、今もその看板が残されている例がいくつか見られます（26ページ参照）。

09 男子は余計なものを買う

「ファみやげ以前」の時代、景勝地の写真を使った絵ハガキを、何枚かセットにした商品が観光地のお土産として人気でした。また、ペナントなどにも写実的な風景画や写真が使われていました。それに対して、ファみやげにおけるイラストは、**子どもが喜ぶ漫画タッチの簡略化されたイラスト**になっています。

ファみやげが生まれて普及していく80年代は、人口のボリュームゾーンだった団塊ジュニア世代がちょうど小学生になる頃で、需要が大きくなっていくその世代をターゲットとした商品を作る必要がありました。**「子どもが欲しくなるものを、子どもが買える値段で、だけどどこでも買える玩具ではなく、地域に由来したもの」**が標榜されていたように思います。そこで参考にされたのが、当時子どもがお小遣いを握りしめて通っていた地域のファンシーショップ。そして、そこで売られていたファンシーグッズだったのではないでしょうか。

ファみやげはファンシーグッズと同じように、実用的なアイテムにキャラクターの絵をプリントしたものですが、そこで描かれている絵もまた、ターゲットである子どもが好むものでした。

【目覚まし時計×新選組のナゾ】

[図10] 新選組のファンシー絵みやげキーホルダー。目覚まし時計の形になっているが、そもそも新選組の時代にこんな目覚まし時計はない気が……。それどころか、何の関係もない。しかも裏側は方位磁石になっていて、時計ではない。(京都市)

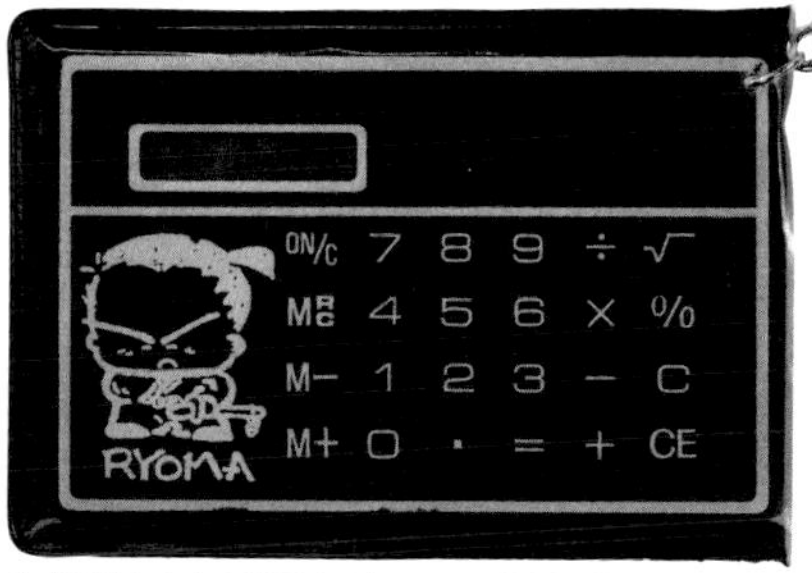

⬆「坂本さんちの龍馬くん」カード型電卓（高知県）

⬆宇宙人のちょっとミラー(地名なし)

➡シートベルトカバー
（千葉県・房総半島）

⬆「DON'T FORGET TO TAKE SKi GOODS!」ドライクロス（地名なし）

ファみやげに描かれる人物は図11のように**頭でっかちな二頭身か三頭身**で描かれます。**点の目で、顔のパーツは下の方に集中し、口や鼻は時に省略。**さらに**眉毛が上の方に描かれるなど、おでこは広く、頬は紅潮**しているように描かれます。これらはすべて子どもが親近感をおぼえる**子どもらしさ、幼さの特徴を表現**しているのでしょう。

頬の紅潮は恋をしている時や照れている時の表現で、カップルのイラストでは定番ですが、カップルでなくとも、子どもの頬が赤いことの象徴としても描かれています。

こういった子どもが親近感をおぼえる表現は、同じく子どもをターゲットとしている児童漫画や少年漫画でも見られ、そこからの影響も感じられます。**中でも、『Dr.スランプ』**[図12]**など鳥山明さんの漫画の影響**が強く、デザインはもともとより、ゴジラやガメラなどの特撮怪獣やヒーローを二頭身に誇張して登場させたことは、その後のSDガンダムなどのデフォルメブームに繋がる重要なルーツのひとつでした[図13]。

ファみやげでは、その土地にまつわる実在の

【各地にあった ファンシーの名残り】

⬅⬆高速道路のSAやPA等に残る「FANCY」「ファンシーグッズ」の看板。「ファンシー＆トイ」は子ども向け土産と玩具を置く棚だった時の名残りで、現在は売り場が広がっている食品が置かれている。写真左は龍野西SA（上り）、右が横川SA（下り）。

【ほほを赤らめるなんて、修行が足りん!!】

[図11] 比叡山の小坊主キーホルダー。カップルではないが、頬が紅潮しているという例。しかし、目の前に意中の女性がいるのかも知れない……。それよりも、広いおでこを利用して「Mt.HIEI」と書いてあるのは、尊厳に関わるのでは……。

[図12]鳥山明さんの『Dr.スランプ』の単行本。

【顔ありのさるぼぼ!?】

［図13］飛騨路のさるぼぼキーホルダー。顔の描き方に鳥山明からの強い影響を感じる。そもそも、さるぼぼは顔が無いのがアイデンティティなのに、顔描いちゃったら台無しのような……。

【威厳ゼロのファンシー武将】

⬅［図14］旧・伊勢戦国時代村ののぶくんおひめキーホルダー。織田信長がヒゲもなく、完全に子どものように描かれている。この施設には安土城の天守閣が再現されているのだが、安土城のある滋賀県ではなく、なぜか三重県にオープンした施設である。これまでに何度も施設名が変わったことで有名。

⬇［図15］武田信玄キーホルダー。ちゃんとヒゲは描かれている。

偉人など、**モデルが大人でも、二頭身で幼く見えるようなタッチ**［図14］になります。

たとえ武田信玄のような、髭が特徴で、なおかつ**厳めしいイメージを持つ武将であっても幼く見えるように簡略化**していました［図15］。しかし、そのギャップが自治体や観光協会が狙う「偉人のイメージ付け」においてマイナスに作用するケースもあったそうです。

ちなみに、「まんがのれん」と書かれた、当時のファみやげ「のれん」の在庫が入った段ボール箱を見たことがあります。おそらくメーカーさんや問屋さんがそう呼んでいたのでしょう。

さて、ここまで少年漫画の話をしてきましたが、少女漫画に影響を受けた商品は無かったのでしょうか。

実はファみやげの世界における影響は、少女漫画よりも少年漫画のほうが多いのです。

ファンシー絵しおりセット［図16］など、一部の少女向けの商品に少女漫画の影響を感じられるものがありますが、種類は多くありません。**修学旅行で木刀を買ってしまう**ように、いざ**持って帰ったら途端に要らなくなるような物を買って帰りたくなるのは、大体が男子。**そのため雑貨の商品も男子向けが多くなったのだと思います。

当時、ファみやげのイラストを描いていた方から、サンリオや少女漫画のようなイラストは、あまり商品に採用されなかったという話を聞いたこともありました。

［図16］大門多美さんの「うみべの便り」ファンシー絵はがきセット。

体温チェツカー
ひたいに20秒あてて下さい
が出たら平熱です
が出たら37度以上です正確な体温計でお計り下さい
WAKU WAKU KONKITSUNE
ROMANTIC HIDAJI

⬆飛騨路のコンキツネ体温チェッカーキーホルダー。キツネが服を着て直立。新型コロナ禍では、むしろ便利なアイテムだが、マークをウサギではなくキツネにできなかったのだろうか。

10 野菜や果物が少ない

　動物がモチーフの場合は、人間のように描く擬人化をしがちです。四足歩行の動物が人間のように直立で二足歩行したり、道具を手にもったり、服を着たりした姿になります。これは、普通のキャラクターイラストと変わりません。

　ただし、山や太陽、月などに顔が描かれることは少ないです。また、野菜や果物などの植物が擬人化されることもほとんどありません。おそらく手足がなく、人間のような頭身で描きづらいので、**子どもが自己投影しづらい**のかもしれません。

　まず、顔があってしゃべる山や太陽は『Dr.スランプ』によく出てきますが、ファみやげにおいては、あくまで人物の後ろに描かれるだけで、顔を描くということはほとんどありません。例外としては尾崎紅葉の『金色夜叉』の舞台・熱海の貫一お宮のイラストなど、月が重要な場面で顔が描いてあるケースがあります[図17]。

　野菜や果物の擬人化キャラクターはファンシー文具をはじめ、アニメ、ゲームなどにも多く登場しますが、ファみやげでは違う方法をとります。

　ファみやげが姿を消していった90年代末に登場するご当地キティストラップでは、りんごやイチゴなどの名産品をキティが頭にかぶっていました。そのような「かぶりもの」にする方法は、ファみやげ時代にはほぼ見つかりません。

　各地の名産品を商品化する場合、**伝統的な収穫のスタイルを纏った女性を描いている**ことが多く見受けられました[図18]。この女性も幼く描くため少女に見えますが、**大体が絣《かすり》の着物にほっかむり**というパターンでした。ファみやげには、どうしてもイラストに人物（または擬人化した動物）が必要なのです。

［図17］熱海の金色夜叉キーホルダー。雲がかかった満月に顔が描かれている。なぜ下駄型かというと、貫一がお宮を足蹴にしたのが下駄だったからだろう。しかし、鼻緒まで再現してるせいで絵が見えづらくなっちゃってる！

【人物を出すなら収穫させればいいのだ】

［図18］青森のりんごっ娘キーホルダー。伝統的な収穫スタイルの女の子がキャラクターとなっている。ローマ字で「おいちいリンゴ、おっきなリンゴ、まっかなリンゴ」と記載。

⬆青森のりんごちゃんキーホルダー。このように果物に顔を描いて、手足をつけた例は非常に少ない。そもそもカップルの女の子だけが「りんごちゃん」のように感じる。青りんごの彼の名は……？

11 子ども、風景に興味ない問題

特徴には挙げていませんが、風景だけでなく必ずキャラクターが存在するイラストであることも重要です。山や海などの風景を描いたものは少しあるのですが、ファみやげの主流派からは少し外れます。なぜなら**子どもは風景に興味がない**からです……。

小さい頃、家族旅行などに連れていかれて、大人が「いい景色！」などと感動していても、ピンと来なかったことはありませんか？

そんなものより牧場のポニーが見たい、ソフトクリームが食べたい。

子どもとはそういうものです。

それまで多かった木版画のような渋い風景だけの商品と、子どももターゲットのファみやげの大きな違いがそこにあります。

なんならキャラクターの背景に何も描かれていないものがほとんど。

背景を省略するのは、前述の通りファンシーショップで売られていたファンシーグッズのデザインを参考にしているせいもあるでしょう。しかし「Mt.FUJI」と書いてあるキーホルダー【図21】の、そこに描かれた動物の後ろに、**簡単に描きやすい富士山くらい描けばいい**のに、それすら描いていないというものも多いのです。むしろ、**あえて描いてない**のでしょう。

これは、子どもが風景に興味がないから許されているものの、理由は他にも考えられます。

たとえば、煩雑な背景を省略して情報を整理し、シンプルで伝わりやすいデザインに仕上げていることとです。

それから、ひとつのデザインを流用し、地名の部分だけを後から印刷して複数の場所で売るためです。どこにでも生息しているようなキツネなどのイラストにして、背景を省略するか、どこでもあり得るような風景を描けば大量に生産できるため。**コストを削減しつつ色々な場所の売店や土産店で売る**ことができるわけです。

しかし、何しろ子どもは風景に興味がありません。とかく**重要なのはキャラクター**です。

そのためキャラクターが不在のイラストはファみやげの定義からは少し外れます。ただし、

［図19］富士山のキーホルダー。浮き彫りの技法でリアルに富士山だけが描かれている。

［図20］富士山のキーホルダー。少々リアルタッチだが、夜空に画材のタッチを活かした流れ星が描かれており、非常にファンシーな雰囲気に仕上げられている。

【クマがデカすぎる…】

➡富士山のハンカチ。このようにキャラクターと富士山が描かれている例はむしろ珍しい。

【富士山が描かれていない富士山みやげ】

[図21] 富士山のキーホルダー。背景には何も描かれていない。シッポが本当におしりから生えているのか不安になるイラストである。

⬇まず表だけ印刷して大量生産。後で裏に各ゲレンデエリアの名前を印刷して販売されたキーホルダー。

⬆➡「北海道じゃなくてもホンドギツネがいるぞ！」ということで、日本中でキツネのファみやげが作られた。こちらは「バリパリフォックス」。このように、非常に近い長野県の諏訪と美ヶ原でも、地名を変えて同じ商品が売られていた。

【形とイラスト、合ってなくない？】

[図22]

風景だけでも、その風景がかなり簡略化や誇張されたイラストになっている場合は、ファみやげと言っても間違いないでしょう。

以上が簡略化についてでしたが、最後にどうしても伝えたいファみやげを紹介します。先ほども紹介しました、ヒゲが描かれつつも〝幼く表現された〟武田信玄のキーホルダーです［図22］。

あまり幼くなっていない気もしますが、それよりもキーホルダー自体の形に注目してください。

明らかに他の商品の型を流用しちゃっていて、**頭の形とかぜんぜん合っていません。**

それでも強引に商品として売ってしまうというところに、当時の勢いを感じてしまいますね。

12 文字情報は英字が基本

ファみやげの特徴としては英字の多用が挙げられるのですが、それも含めて広く文字の特徴を紹介します。


ファみやげの最大の特徴は、もちろん名前の通り「絵」があることなのですが、それと同じくらい「文字」も重要です。文字のないファみやげはほぼありません。

それは、**地名がなくてはお土産にならないから**です。

ファみやげはお土産なので、特定の地域限定で販売されます。そこで売っている時は良いのですが、地元へ持ち帰った時、地名が書かれていないと、どこの地域に由来する商品やイラストなのかがわからなくなってしまいます。

図23はファみやげ黎明期の定番キャラ**「LOVELY NORTH FOX」**。業界用語なのか土産店の方は**「ラブちゃん」**と呼んでいました。

キタキツネは北海道の固有種で、寄生虫エキノコックスを媒介する害獣だったものが、1978年に公開された映画『キタキツネ物語』のヒットもあり、一躍人気動物になりました。

令和時代に発売されたケンエレファントのカプセルトイ「ミニチュア北海道」におけるバター飴にも、このキャラクターが描かれています。このバター飴は現在でも北海道の空港や物産展で買うことができます。

　しかし、**特に固有のキャラクターがいない地域**では、広範囲に生息するクマやキツネなど、**地域に由来しないキャラクターが描かれる**ことが多く、その場合は**地名が必須**です。

　例外で、「さるぼぼ（飛騨）」や「白虎隊（会津）」、「なまはげ（秋田）」のように、**絵で地域が分かるものに限って地名が省略される**ことがありました[図24]。

　土産店の少ないエリアで販売する場合は、地名のシールをキーホルダーの裏に貼ったり、キーホルダーに付けたタグに貼ったりするケー

［図23］右下は、2021年10月にケンエレファントから発売されたカプセルトイ「ミニチュア北海道」のラインナップのひとつ「北海道銘菓バター飴」。

【定番キャラ LOVELY NORTH FOX】

［図24］ナマハゲの風習は山形などにもあるが、基本的には「AKITA」と表記。こちらは地名も省略して「NAMAHAGE」とだけ書かれているパターン。頭文字「N」の処理にデザインのこだわりを感じる。

スもあります。

「これ、ありものに後からシール貼っただけじゃん」

そう言われてしまうでしょうけど、それでも貼らなくてはならないのです。**地名が書かれていることが大事だから**です。

この手法は、土産店に売ってるオモチャとの差別化という側面もあるでしょう。子ども向けの商品としてはファみやげ以外にも普通のオモチャが売られていました。

「これ、地元のオモチャ屋さんで買えるじゃん」

はい。でも子どもは地域限定のものより、オモチャが欲しい。そして、おじいちゃんおばあちゃんは孫が欲しがるなら買ってあげちゃったりします。渋い木彫りの熊の置き物では孫は喜びません。たまに会う祖父母ならそれでもいいのですが、生活を共にする親の立場となれば、どこでも買えるようなオモチャでなく、できればそこでしか買えないものを買い与えたい。

そこで**地名**がモノを言うわけです。

子どもが欲しがる漫画っぽい要素のイラストの商品。それだけなら地元のファンシーショップにも売っているでしょう。でも違うのです。その地域のキャラクターがイラストになっている。または、そうでなくても地名があるのです。

そういったわけで、**一番重要な文字情報は地名**ということになります。

これはファみやげに限った特徴ではなく、土産品全体に言えることでもあります。ファみやげならではの**特徴があるとすれば、その地名がローマ字で書かれていること**です。

13 ケーハクに演出するならローマ字日本語

ファみやげの全盛期である80年代後半あたりは、色々なもののデザインにアルファベットが多用されていました。小田和正さんがK.ODA、チャゲ&飛鳥がCHAGE & ASKAと表記するように変わり、和文を使わないレコードジャケットのデザインが普通になった時期です。英字新聞の柄がオシャレなものとしてファッションなどで人気となっていました。

ファンシーショップのファンシーグッズ、そして観光地のファみやげにも英字があふれました。ターゲットである**子どもが読めるかどうかなど関係なく、デザイン上のオシャレさを優先**したのです。子どもも別に文字を読みたい欲求で買うわけではなく、なんとなく英語をカッコイイもの、大人っぽいものだと思っているため問題はありません。

そのため「KARUIZAWA」「HARAJUKU」のように地名もローマ字になります。たとえ、そこが由緒正しい歴史的な地名であっても、ひとたび**ローマ字にしてしまうとケーハクな雰囲気を帯びてしまうのが不思議**です。

さらには、日本語の文章をローマ字で表記したものや、英語の文章も添えられることが多いです。これは**状況説明**だったり、キャラクターの**つぶやき、心の声**だったり、**小説や民謡の一節**だったりと様々です。

誤字脱字、訓令式とヘボン式が混在したローマ字、そして間違ってそうな英文など、かなり

⬆キツネと同様にクマも日本の広範囲で使えるキャラクター。このようにタグのパーツに地名のシールを貼れば、日本中で販売可能。こちらはクマ牧場のある北海道の登別のもの。ヤシの木の型抜きがされているので、温暖な海沿い向けのものと推測されるが、あまりよく見ずに「クマだから登別で売ろう！」となったと推測。買う側も気にしないので、何の問題もなかったと思われる。時代の勢いを感じる。

適当なケースも時々見受けられます。そして大体においてキャラクターのどうでもいいつぶやきが書かれています。ターゲットである子どもの大半が読めないからか、内容や正確さよりも、ケーハクな雰囲気と、デザインのオシャレさに主眼が置かれているようです。

【この長い英文、読ませる気ある⁉】

EASY
NATURALIST
Joyfull sports
in warm sunlight.
a good harvest
in jentle breeze.
the handcraft
furniture and
easy tea time.
it is so nice
to be a naturalist.
TATEYAMA

⬅半分以上が英字のデザインになっているクマの「EASY NATURALIST」。長い英文も、読まれることはあまり想定されておらず、あくまで英字がたくさんで大人っぽい感じを演出していると思われる。

LAND
BOKUWA
AI
NO
SHISHADAYO
KIMINOSOBA
NIOITENE○○○
ひだじ
さ

➡こちらはローマ字で日本語の文章を書いた例。「僕は愛の使者だよ 君のそばに置いてね。。。」と書いてある。「AI」がハートの中に入っていて、絵文字のような表意文字になっている。

【KISOの仕掛けキーホルダー】

島崎藤村の『夜明け前』の書き出し「木曽路はすべて山の中である」で有名な木曽。そのイメージを180度ひっくり返すような「KISO」という軽い表記。そして「ゆきぼ〜ず」。キーホルダーについたハゲ跡から、第2形態のままランドセルでブラブラ揺らしていた模様。実際に本来の目的で使用されていたと分かる、こうした形跡も愛おしい。

14 ファみやげ、その文字の書き方

ファみやげは文字にも特徴があります。写植などの印刷用フォントも使われるのですが、多くはフリーハンドです。中でもマル字（丸文字）っぽい手書き文字が主流で、**若い新入社員が自分の筆跡そのままに書いてたケースが多いように思います。**

手書き文字の良さは温かみを感じ、さらにマル字であることによって、クラスメイトと交換日記や授業中に手紙やメモの回しっこをしているような親近感を覚えます。

また、文字をどんな画材で書くかも重要です。線だけで構成されることが多い文字は、イラスト以上にその線の個性が大事になってきます。クレヨン風、色鉛筆風、サインペン風。どんな文字をどんな画材で書くかによって、その言葉の印象が大きく変わってくるのです。

他にも**「がんばる」**を**「ぐわんばる」**と書いたり、**「だよ〜ん」**という語尾にしたり、当時の若者言葉が使われることもあります。そういった軽い言葉を戦国武将に言わせたりしているところが、ファみやげの面白さでもあります。

【DONDON 色んな書体使っちゃうョ!】

時代劇「忠臣蔵」赤穂浪士の出身地・赤穂で売られていた大石内蔵助のキーホルダー。「忠臣蔵」「DONDON」「播州赤穂」それぞれが違うタッチの手書き文字が使われることで、デジタルフォントにはない親しみを生んでいる。

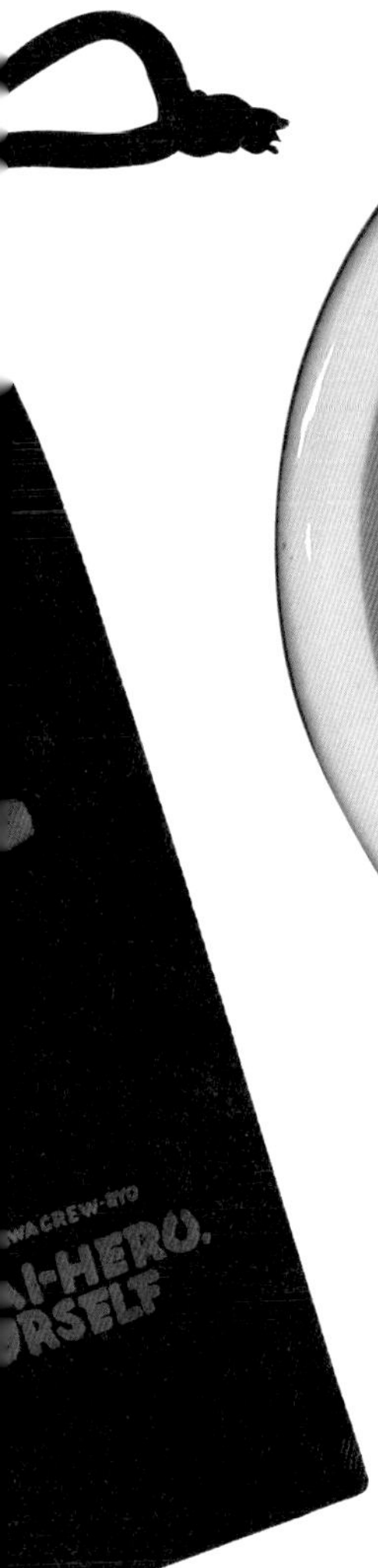

【「ほっかいどお」が当時っぽいどぉ〜】

HOKKAIDO キタキツネキーホルダー。「えんやこらほっかいどお」がマル字で書かれています。「ほっかいどう」でなく、わざと「ほっかいどお」と書くのが当時の空気感。

【時代劇を強引に直訳！】

京都の新選組グラフィティー巾着袋。手書きではなく書体のようだが、筆文字のタッチで「SHINSENGUMI GRAFFITI」と表記。ファみやげには、なぜか右側を見るキャラクターが多く描かれた。「ERA DRAMA」はおそらくEra（時代）とDrama（劇）をそのまま組み合わせた誤訳と思われる。

20 22 24 26
COCO BOY
BOKUWA MAINICHI
SURFIN' SHITEIRU
TAKOKUN
GENKI DESUKA
ISEJI

⬅三重県・伊勢路の「COCO BOY」、液晶温度計つきテレホンカード風キーホルダー。サーフパンツにまで英字を使用。そして「僕は毎日サーフィンしている、タコくん元気ですか」という、別にわざわざ書かなくてもいいような文章が。

ONEGAI
KAKURETEッ
Yukidamaru
FUYUWATANOSHIYA YUKIDARUMA
©WINTER PRINCE
HIDAJI

⬆➡「ONEGAI KAKURETE ッ」最後だけ急にカタカナッ！　このように英字の中に突然、漢字や仮名が入ってくる遊び心も。

EASY
NATURALIST
Joyfull sports
in warm sunlight.
a good harvest
in Jentle breeze.
the handcraft
furniture and
easy tea time.
It is so nice
to be a naturalist.
TATEYAMA

⬅先に紹介した「EASY NATURALIST」のクマ。「TATEYAMA」だけでは富山県の立山なのか千葉県の館山なのか判断できない。館山の場合は、海にまつわるキャラクターだし、地名は房総全体の「BOSO」と書かれることが多いので、このキーホルダーは立山だと分かる。その混同を避ける意味もあってか富山県の立山の場合は「KUROBE・TATEYAMA」と表記されるケースも多い。逆に、漢字だと鳥取の大山（だいせん）か、神奈川の大山（おおやま）か判断できないが、ローマ字だと「DAISEN」「OOYAMA」と書かれるため、区別可能に。

【スキー場土産なのに、なぜ象!?】

⬇PAO～Nの巾着袋。「ゾーさんは寒い寒い」。上の部分には「BURU BURU」。おそらく長野県のスキー場周辺で売られていたファみやげ。アフリカなど暑い地域固有の人気動物である象さんを、スキーブームの時代にどうやって商品化すればいいのか。「せや！寒がらせたらええんや！」みたいなアイディア商品。

⬆下の部分に残る糸は、ここに地名のタグが縫いつけられていたことの名残り。「あったかいの好き」困り顔だった象さんも、裏側では少し元気になった模様。

SUGAD
HOKKAIDO
ZAO
SUNNY CHILD
OKUTAMA

時をかける幕末の志士

Chapter 1

01 ファみやげには キャラクターが必須

ファみやげのキャラクターは、**その土地ならではの人物や動物が好ましい**です。景勝地や建物が有名な場所は、その風景や建物を描きますが、それだけではサンリオなどファンシーグッズに囲まれて暮らしている子どもにはウケません。

それらを背景に、**そこに誰でもないカップル**や、**どこにでも生息していそうな動物**（キツネ、クマ、ウサギ、リスなど）を描き加えると、ファみやげになります。ファンシーグッズと同じようにキャラクターが必須なのです。

キャラクターが重要なのは、ターゲットである子どもの需要ですが、なぜ「その土地固有」であることが好ましいのでしょうか？

その答えは、誰でもない人物や、どこにでも生息している動物を描くよりも、その土地にゆかりのある人物や、キタキツネのように北海道にだけ生息する生き物のほうが、より**その場所らしい商品になる**からでしょう[図1]。

➡青森県・弘前城のキーホルダー。城のイラストの前には誰でもないカップルのイラスト。特に描くべき武将が不在の場合は、このようにファンシー化が行われる。

⬅⬆建造物だけを描いたキーホルダー。それでも、なぜ金のわらじに……!? という疑問は発生。描かれている石碑の左側に稚内から樺太探検に赴いた間宮林蔵の像があり、そのわらじを意識していると思われます。

お土産品は、**その土地へ行って来たことの証拠として持ち帰る物**という役割が昔から重要でした。これは、旅先で地のものを食べたり、ご当地の特産品を買って帰ることと同じです。「これ冷凍食品じゃないか？」「このお菓子、製造元を見たら作ってるのは違う場所じゃん！」と、お土産を買う側ももらう側も、その土地のものであるかを過剰に気にします。

「地名がなくてはお土産にならない」という話をしましたが、そのためには汎用的なイラス

[図1] ドリーミーフォックスというキツネのキャラクター。主に北海道で使用。

⬇水族館やナンジャタウンがある東京のビル・サンシャイン60にも子ども向けのお土産が。右はビルを描いており、とりあえずどこにでもいるキツネをキャラで入れているものの、うっかり北海道の象徴であるスズランのイラストまで残してしまっている。さらに左のものはビルすら描かれてない上に、スズランが群生しちゃっている！

⬆子どもはどうせ風景に興味ないだろう……。ということで、長野であれば雪山や温泉くらい描いても良さそうなところ、地名とキツネのイラストだけしか描かれない例。

トに**地名だけ書いておけばいい**わけです。地名があるのはお土産の基本。さらにその土地固有のイラストがあれば、よりお土産品としての格が上がるのです。

今、重要なことを言いました。**観光地としての格と、お土産品としての格は別**なのです。

いくら観光地として有名だったり、人気があっても、土地固有のイラストがないとお土産品の格は下がります。その土地の「地名」という、「ブランドロゴ」しか無いからです。

お土産品の世界では、ブランドロゴよりも描かれる固有の景勝地や建物が重要です。日本のどこにでもありそうな田園風景や山、海、川、などではなく、特徴的な風景が求められます。

ましてやファンシーショップ全盛期で、キャラクター偏重のファンシー絵みやげ時代においては、何よりもキャラクターが求められます。**固有キャラクターが存在する観光地こそがファみやげ界の勝ち組**なのです。

02 武将、大人気の理由

ファみやげのキャラクターのモチーフはざっくり分けると、動物と人物、無生物（てるてる坊主や雪だるまなど）に分かれます。どんな人物がキャラクターになるかというと、偉人や歴史上の人物、そして文学や昔話などの登場人物や作者、そして誰でもない、スポーツや趣味に興じる人、職業人などです。

　なかでもたくさんキャラクター化されるのが歴史上の人物。たとえば戦国武将や幕末の志士です。

　観光地には城や城下町、寺社仏閣など歴史にまつわる場所が多くあります。そこにゆかりのある人物をキャラクターにすれば、訪れた人が記念に買いやすいというわけです。

［図2］熊本城と、有名な加藤清正のイラストを使っている兜モチーフのキーホルダー。人気の城主が存在するということで、P.50 で挙げた弘前城との違いが歴然。

小学生は社会の時間に日本の歴史を学びます。中学生になれば日本史。当然、修学旅行の目的地にも歴史に関する場所が選ばれがちです。図書室には歴史に関するものなら『日本の歴史』や『カムイ伝』『はだしのゲン』などの漫画も置かれています。『信長の野望』をはじめテレビゲームとしても日本の歴史に親しみます。筆者の世代では機動戦士ガンダムでさえも武者ガンダムとなって日本史の入口になりました。

　少し、男子寄りの目線になりましたが、ファミやげの主なターゲットは男子です。筆者も観光地で、歴史上の人物がイラストになっている商品をつい買っていました。しかも、教科書や漫画では**強くて威厳があるように描かれていた戦国武将**たちが、女子も買ってしまうくらいかわいらしく、**二頭身の子どもっぽいイラスト**になっていたにもかかわらず［図2］。

　しかしファミやげは、戦国武将をファンシーイラストにしただけでは終わりません。

　もっともっと大変なことになってしまったのが幕末の志士たち。それをご紹介します。

幕末志士には乗り物が似合う!?

【新選組がカスタムバイクに乗る時代】

THE SHINSEN GUMI MOTOR CYCLE PATROL BOY!!
I'm wind!
KYOTO

1

03 時をかける幕末の志士

子どもが喜ぶように、色々とイメージを改変されちゃっているのは戦国武将だけではありません。ここでは時代考証なんて無視しちゃって、おかしなことになっている幕末の志士を紹介していきます。

1｜京都の新選組が、時代を超越してバイクを運転。しかも新選組の羽織りの模様でカスタムしているバイクというこだわり！

2｜こちらも京都の新選組、こっちはスクーター。MAKOTO- クンというのは、匿名性の高い、誰でもない新選組メンバーの名前として使われがち。「He is a very hyokin《ひょうきん》 boy《ぼーい》」と表記《ひょうき》。ひょうきん者のMAKOTO- クン！

2

【He is a very hyokin boy】

3｜福島県・会津若松の白虎隊がスポーツバイクでコーナーを攻める！　後ろからは娘子軍！　下のロゴにも、モータースポーツ感がしっかり出ている！

4｜鹿児島県の西郷隆盛も、スクーターに。「SATSUMA DON」と書かれていて、なぜか西郷隆盛と明言を避けているパターン。

5｜博多の黒田節。まずノーヘルでバイク２人乗り。しかも槍を所持。何より足が届いてない！

4

5

3

【〝どけ！〟〝やだね！〟】

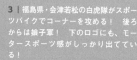

6

7

8

6｜新選組と舞妓さんのF1とレース相手の龍馬だが、なぜかベンツにはねられている！　なぜ！

7・8｜こちらは京都の新選組が三輪車に乗っちゃっている。

白虎隊 in 現代

【歴史的な白虎隊も、なぜか背景が英字新聞】

10

9

9 | 福島県会津若松の白虎隊も時代を超えてスクーターに。P.55で紹介したの新選組と同じイラスト！
10 | 歴史的な白虎隊だが、なぜか背景が英字新聞に。日焼けしてこの色合いだが、元は右下のような色（値札が貼ってあった場所）。ここではスポーツバイクの他にも缶ジュースやボクシンググローブが登場し、時代を超越！

12

11

13

14

11 | 三人組白虎隊ボーイズ。算数嫌い、ラブレター、串ダンゴと、欲望にまみれている。

12 | 白虎隊ボーイズのメンバーが爪切りでソロデビュー。なぜか11のラブレターがタバコに変化！

13 | 勇敢だったはずの白虎隊が、犬に追いかけられて逃げる。どこがロマンチックなのか。

14 | 1993年に開幕したJリーグの時代に、帯刀したままピッチに立った白虎隊。しっかりスパイクシューズを履いている。読売ヴェルディならぬ「白虎隊ヴォルディ」。白虎隊の個人名が使われているファみやげは非常に珍しい。手にはミサンガ。

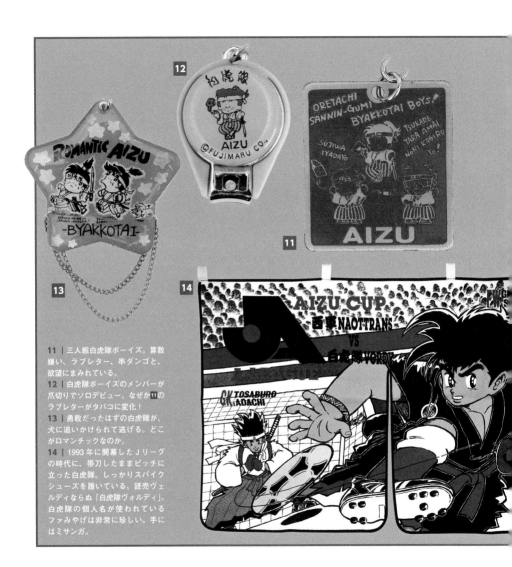

初期のSONYウォークマン&ヘッドフォンは歴史上の人物にも人気?

【その名も“チン選組”！】

15 | こちらは「チン選組」。なんと、ウォークマンだけでなくエレキギターまで持っている。手には腕時計。なんなら男闘呼組ともかかっているのだろうか。

15

➡顔をズラすと鏡が出現する実用的なアイテムだが、ついでに大事なものも出現。

【愛犬のツンにまでヘッドフォンをかけている薩摩隼人・西郷隆盛】

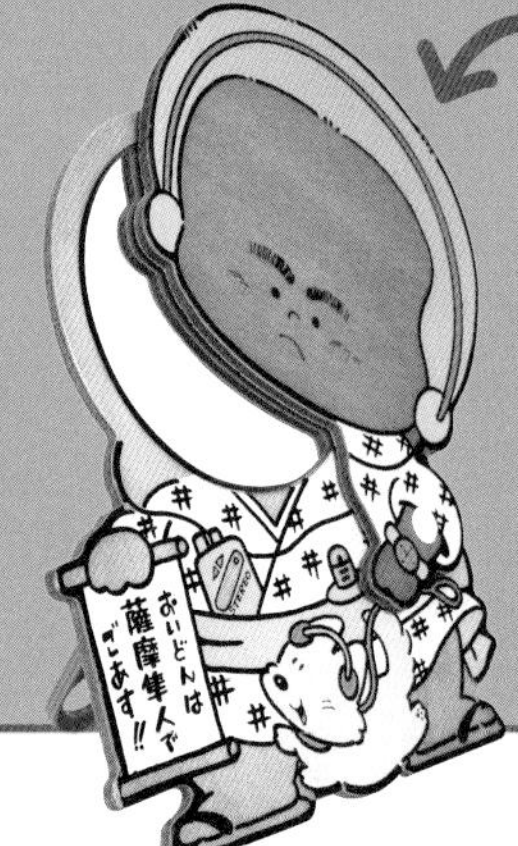

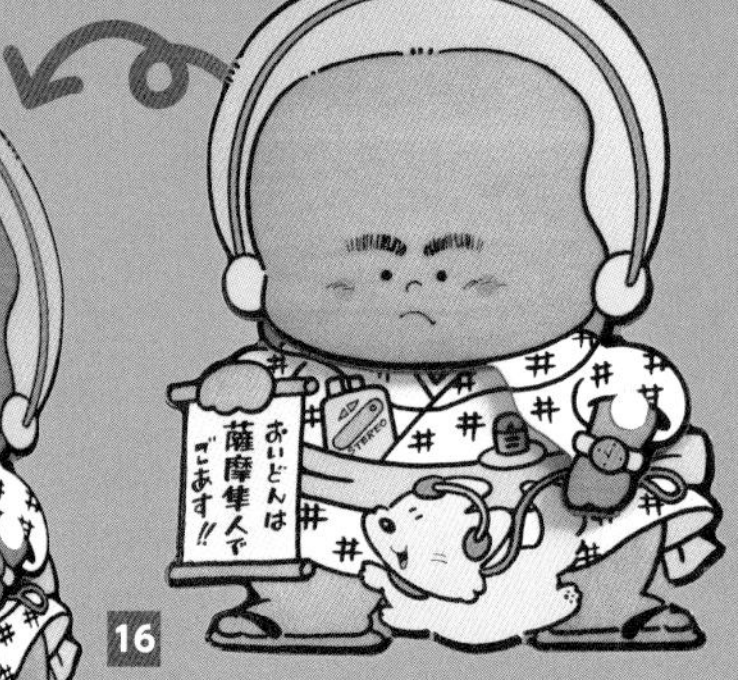

16

16 | こちらは顔をズラしても犬がちゃんと守っている!!

ファンシー化された幕末の志士たち

■山口県の城下町・萩には奇兵隊の高杉晋作、吉田松陰など幕末の重要人物がいたため、もれなくファンシーイラストとなっています。

【So early hero とは……】

17

18

【持っているだけでかしこくなる !?】

19

【高杉晋作と吉田松陰のカップリング！】

17 | 山口県・萩の奇兵隊、高杉晋作のキーホルダー。Vサインで「かっこいい！」というセリフ！
18 | 吉田松陰は勉学のご利益を期待されている存在だが効能を謳いすぎと思われるキーホルダー。
19 | HAGI でなく、県全体で売ることのできる YAMAGUCHI と名入れされたキーホルダー。

【なぜ新選組なのに船の操舵輪！】

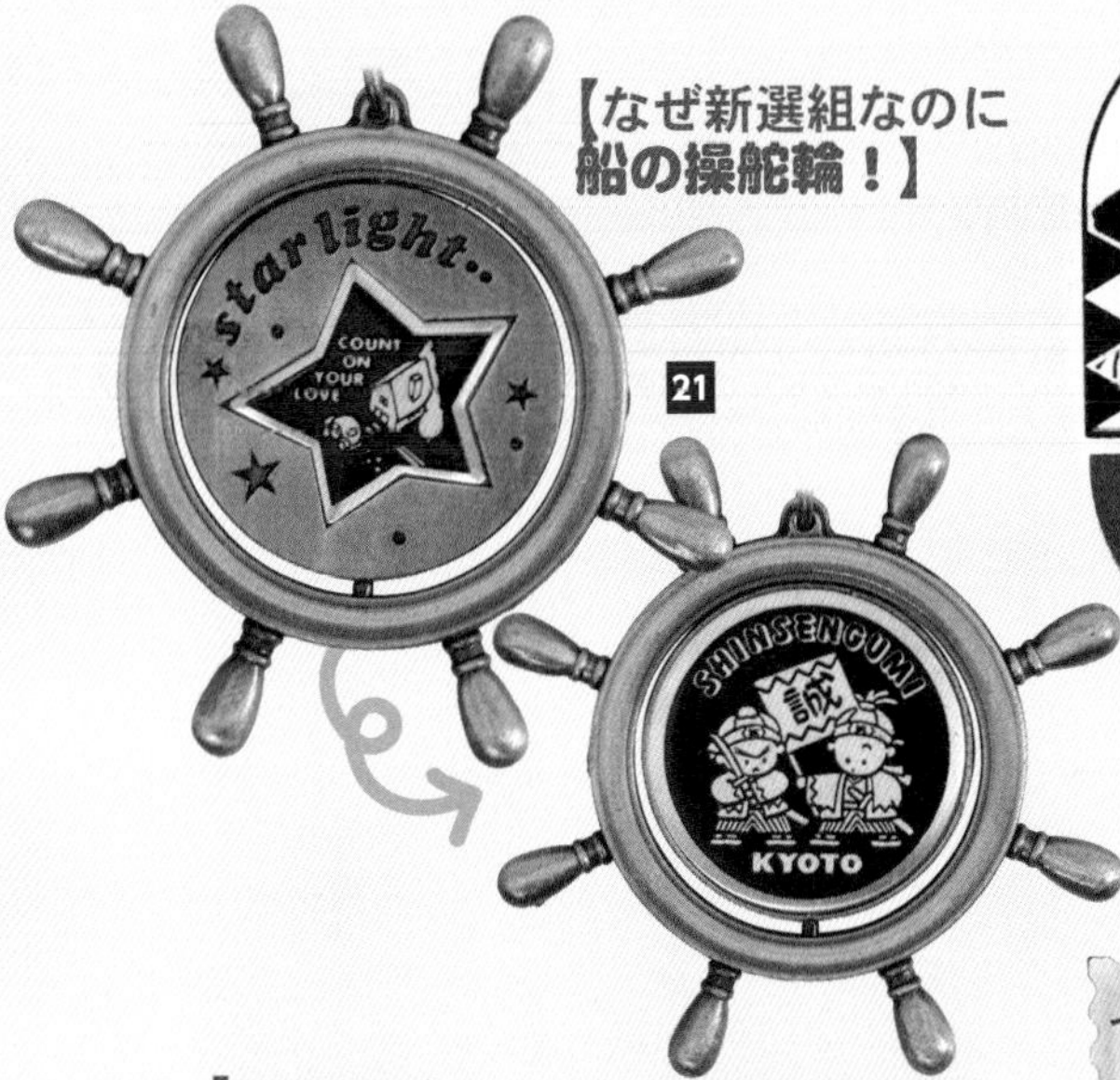

21

【新選組がおたずね者に……】

20

【新選組が賃上げ要求】

23

22

【切手風のキーホルダー】

【鹿児島の平川動物園は初来日時からコアラを展示それは明治時代ではなく昭和……】

24

20 | WANTED キーホルダー。新選組の誰かに $1,000 の懸賞金がかけられている（京都市）。
21 | 新選組 操舵輪型キーホルダー（京都市）。
22 | 坂本龍馬 切手風キーホルダー（京都市）。
23 | 「お小遣い値上げ頼む」新選組キーホルダー（京都市）。
24 | 西郷隆盛コアラキーホルダー（鹿児島県）。

BYAKKOTAI
新選組
誠
京都
COUNTRY

Chapter 2

大河ドラマでブレイクする観光地

01 観光地は歴史が重要

前章では語りきれなかった**「戦国武将など、歴史上の人物」**について。

観光地へ行けば何かと立札や石碑が立っていて、そこに来歴が書かれています。特にその土地に興味がなく、単に有名だから行ってみた場合でも、とりあえず立札なんかに書かれていることをフムフムと読んでみたりします。しかし興味がないとまったく頭に入ってきません。さらに今ではスマホで簡単に写真が撮れますから「とりあえず!」(by映画『私をスキーに連れてって』で写真を撮る時のセリフ)で、「後でじっくり読もう」なんて言いながら板を撮影したものの、結局スマホの小さい画面で読み返すことなんてなかったりします。

これは、単なる**歴史に興味がない人あるある**といったところですが、やはり旅というのは目的が必要。ただの木でも「樹齢○○年」であるとか「○○年に落雷して上部が崩落し、それが大洪水を防いだと言い伝えられる」とか「なんか根っこが大蛇に似てない?」とか、**なにかしら歴史があると良い**のです。ただ集まりたいだけのグループが、やれ「○○の祝い」だとか理由をつけて集まるのに似ています。何もない場所でも自分で目的を見つけ出せるタイプの人以外は、みんな理由が欲しいのです。理由はなんでもいいけど、歴史的であればあるほど、なんとなく「良いモノ」を見た気になれます。

観光地には歴史が重要なのです。

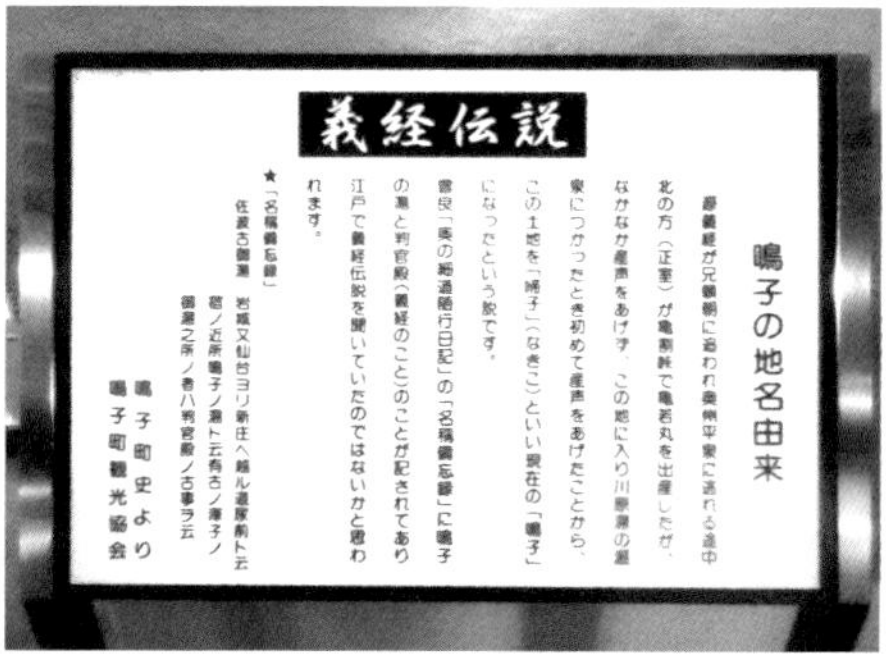

⬆宮城県鳴子町・鳴子温泉に掲示されていた地名由来の看板。

02 修学旅行にも歴史が重要

その来歴を説明する存在と言えば、修学旅行や観光バスのガイドさんもそうです。バスの車内では窓から見える場所の説明をして、お寺なんかで降りると旗を持って誘導し、説明をしてくれます。ファみやげは子ども向けの商品ですから、修学旅行生は重要なターゲット。実際に**「修学旅行記念」と書かれたファみやげ**のキーホルダーまで存在するほどです［図1］・［図2］・［図3］。

修学旅行はその名の通り学びの旅なので、学校での勉強の延長線上になくてはなりません。そこで、**目的地になりやすいのが日本史にまつわる場所**です。お城と城下町、それから寺社仏閣など。あとは古典文学の舞台や平和教育に関する場所などが挙げられます。

団塊ジュニア世代の時代だったため、子どもの数もひときわ多く、次々と修学旅行生がやっ

［図1］

［図2］

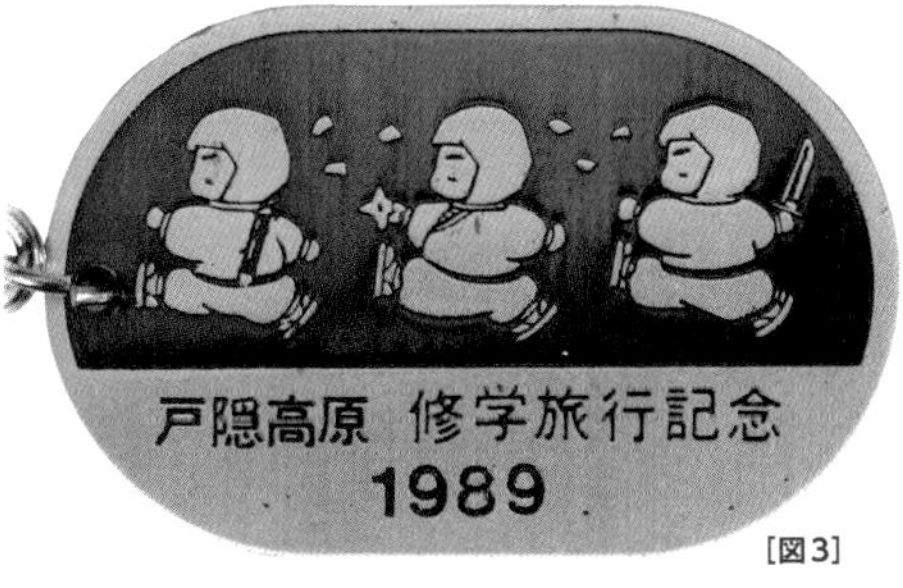

［図3］

⬆修学旅行のためだけに作られたキーホルダー

て来ました。しかも、それなりの額のお小遣いを握りしめて。そんな状況なので、京都・奈良など歴史的な観光地が多いエリアでは、**子どもが欲しがる商品を、子どもが買おうと思う値段で売る**ことが重要だったのです。たとえば京都では**新選組**や**坂本龍馬**をモチーノにしたファみやげが多数作られました［図4］。

修学旅行の目的地は、なんとなくその学校からそこそこ遠く、かつ

【お嫁さんに来てチョンマゲ～】

［図4］新選組・誠くんのお見合い写真キーホルダー。ローマ字表記のセリフに当時の空気感が漂っている。

歴史を学べるメジャー観光地といった塩梅で、目的地は毎年同じだったりします。しかし、修学旅行の目的地以外で、歴史上の人物のファみやげが爆発的に作られるケースがあるのです。

03 大河ドラマでブレイクする観光地

筆者もバブル景気の頃に住んでいた埼玉県は川越。ここのファみやげは当時も今も見たことがありません。今でこそメジャーな観光地ですが、90年代の途中まではそうでもなかったようで、かつては観光協会すらなかったそうです。そんな川越が観光地化していったのは、1989年に放送された大河ドラマ「春日局」の影響でした。

「春日局」の舞台が川越という訳ではなく、川越大師・喜多院に「春日局化粧の間」が移築されているというのが理由です。それほどまでに大河ドラマの影響は大きいものでした。これまで観光に力を入れていなかった川越は、増え

てゆく観光客に応じる形で観光地へと姿を変えていったのです。

バブル絶頂期だった1989年の放送時点では、川越は観光地としての態勢が整っておらず、商品開発をしていく頃にはファみやげが衰退に向かってたのではないかと推測され、土産品は数あれど【下図】**いまだに川越のファみやげは見つかってません。（情報求む！）**

しかし、ちょうどファみやげが作られた1980～1990年代初頭の大河ドラマは、観光地を次々と盛り上げ、ドラマにまつわる歴史上の人物のファみやげも〝非公式なもの〟を中心に多数作られました。そんな大河ドラマを振り返りつつ、実際のファみやげや、行き過ぎた商品をご紹介します。

⬇このように川越のキーホルダーは多数見つかるが、ファみやげと呼べるタイプのイラストを用いたものは見つかっていない。

大河ドラマのファンシー絵みやげ

1982年 峠の群像

■赤穂浪士の時代劇といえば、かつて年末年始の風物詩だった「忠臣蔵」が有名ですが、大河ドラマでもテーマとして扱われています。東京都・品川の泉岳寺や兵庫県の赤穂でファみやげが売られていました。

➡こちらの政宗くん。まず馬がリアルすぎて、政宗くんとの世界観が違い過ぎている。そして後ろはおそらく青葉城だが、地平線にあり、この何もない荒野は一体……？

⬅こちらの政宗くんは、馬のタッチがリアルでなくなったものの、なんと座っているうえ「お手」までしている。

1987年
独眼竜政宗

■青葉城のある宮城県の仙台や松島では、伊達政宗が主要なキャラクターとして使われています。

➡「DATE MASAMUNE」や「MASAMUNE KUN」ではなく、大河ドラマを意識したと思われる「DOKUGANRYU」表記のあるものも。

DATE MASAMUNE
Powerful Miyagi
MASAMUNE KUN
SENDAI
MASA
MUNE
KUN
BASHO
KUN
H
THE 伊達 TAMASHII

1988年 武田信玄

■山梨県では、地域固有のキャラクターとして武田信玄をモチーフにした商品が多数作られました。

➡久々に聞いた、「レッツらゴー」。もう死語なのだろうか。たぶん「Let's Go」を変化させた当時の言葉である。

1989年 春日局

■前述の通りファみやげは確認できていませんが、川越では「NHK大河ドラマ」という表記を入れた通行手形が売られていました。

➡裏側にはリアルタッチで描かれた春日局化粧の間のイラストが描いてある。

1990年
翔ぶが如く

■西郷隆盛と大久保利通のドラマ。最近の「西郷どん」のイメージが強いかもしれませんが、平成初期にもありました。

➡鹿児島県全体で西郷隆盛キャラクターや、薩摩おごじょ（鹿児島の女性）とペアになった商品は数多く見かけるが、大久保利通とペアになったものも一部存在する。これらは大河ドラマに合わせて作られたものと推測される。

⬅⬇こちらは「翔ぶが如く」のタイトルが書かれているキーホルダーとフォーク。左にはタイトルが入っていない。しかし、いずれもドラマで演じていた西田敏行に寄せてしまっている（左は鹿賀丈史も）。歴史上の人物そのものではなく、演じている役者を意識したイラストというのは非常に珍しい。

1991年 太平記

■栃木県足利市では「太平記」のタイトルが入ったキーホルダーが売られました。

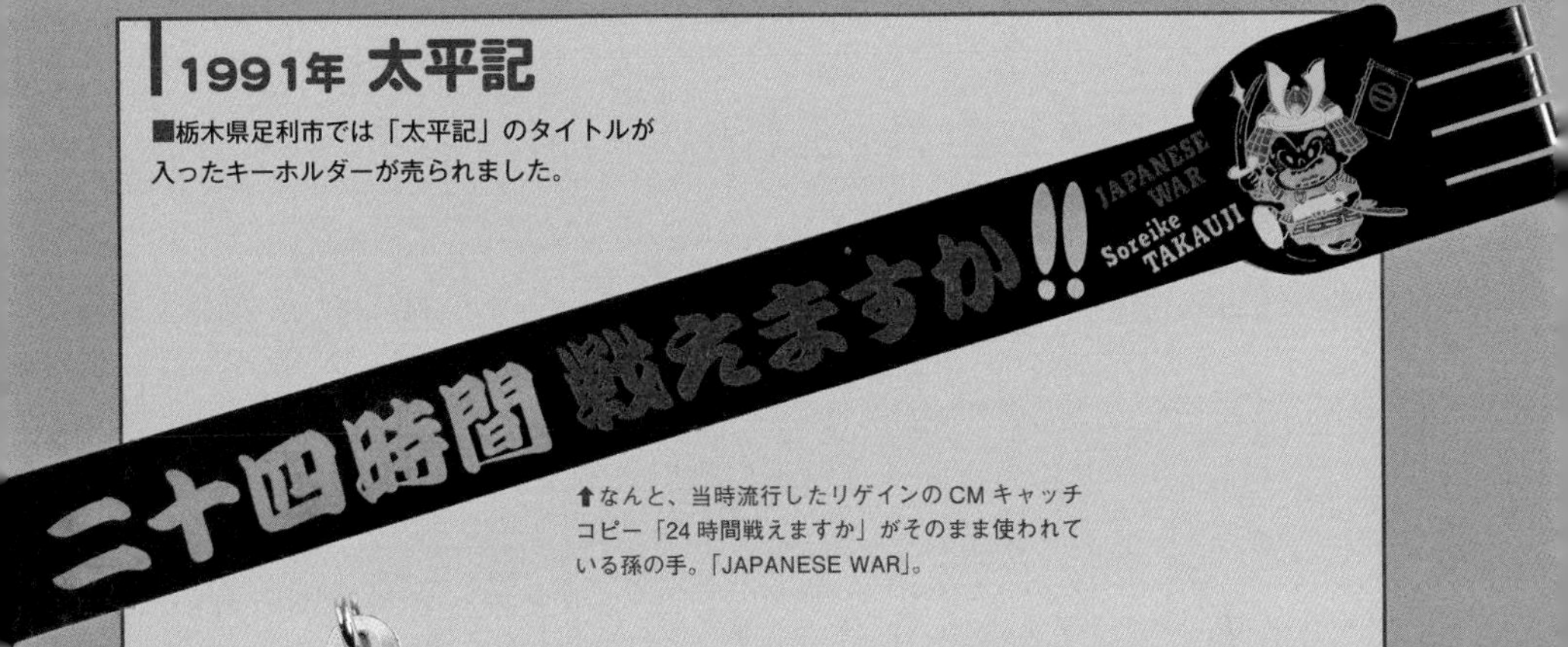

⬆なんと、当時流行したリゲインのCMキャッチコピー「24時間戦えますか」がそのまま使われている孫の手。「JAPANESE WAR」。

⬅⬇左は「太平記」の実際のロゴを使用しているため、NHKの許諾品と思われるが、イラストがファみやげになっている。

1992年
信長 KING OF ZIPANGU

■織田信長にまつわる観光地は多いものの、実際に信長をモチーフに使ったファみやげは少なめです。なかでも岐阜では「信長くん」と書かれているものの「KING OF ZIPANG (U)」というタイトルの一部を取り入れた商品を作っていました。

1993年 炎立つ

■奥州藤原氏ということで、岩手県に関連商品が見つかります。

⬆「炎立つ」のオープンセットがあった場所は、その後に「えさし藤原の郷」というテーマパークとなった。

➡このように本体とは別にシールを貼ったタグを使うケースは、本体に地名を書かず、タグに地名を書いてどの観光地でも販売できるようにしたものが多い。しかし、写真のファみやげの場合は本体が立体的なので、番組名を書く場所がないためにタグを利用しているように見受けられる。

⬇➡「えさし藤原の郷」にはファみやげに通じるイラストのキャラクターがいて、商品も多数存在している。

➡2017年の「おんな城主直虎」ののぼり。おそらく、えさし藤原の郷でロケがおこなわれたと思われる。

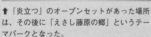

1

特に色々と気になる西郷隆盛のファみやげ

■鹿児島県は観光地が多いうえに、全域で西郷隆盛がキャラクターで使われがちです。西郷どんファみやげの種類は多く、分母が大きいゆえに、変わったアイテムも多く生まれてしまっていました。

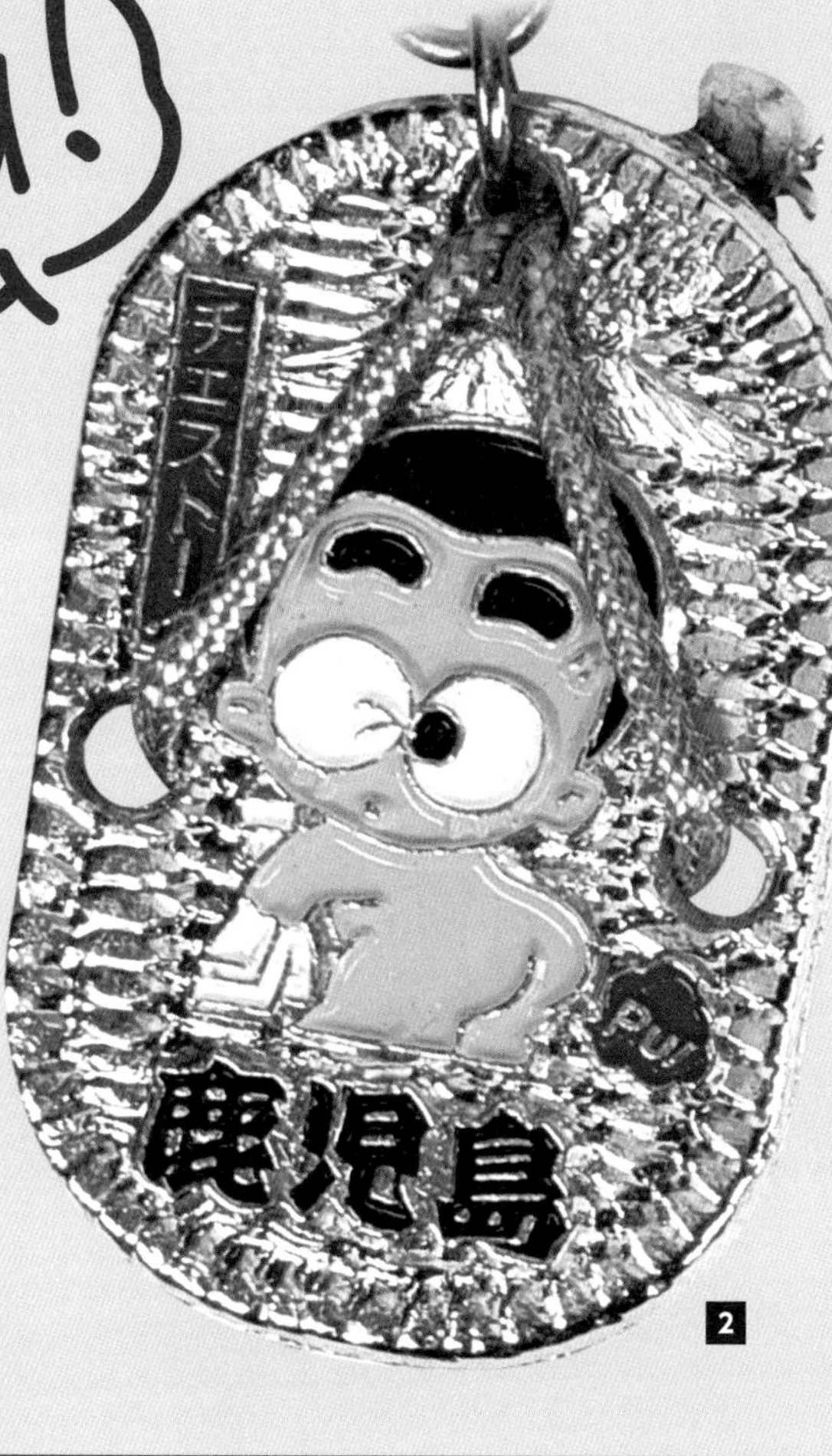

2

1 | うどんを食べる 西郷どん。このベタすぎるダジャレの商品が存在したとは……!! しかも、よくぞまあイラストで表現したものである。

2 | 全裸で「チェストー！」と言いながら「PU！」とおならをする西郷隆盛。鹿児島とだけ書かれていて誰かの明記はされていないが……。地元を代表する偉人とは思えないほどに「子どもが喜ぶギャグ」的な扱いを受けてしまっている。

KAGOSHIMA
MASAMUNE KUN
SHINGEN
© MASA des MODE
SAIGO DON
SAKURA JIMADE GOWASU!!
KAGOSHIMA
MEGO HIME
DOKUGAN RYU MASAMUNE
SPIRITS
州赤穂
武田
信玄
© Can Club
風林火山
DATE MASA MUNE
SENDAI
戦国名将
武田信玄
風林火山

Column 1 パステルだけじゃないカラーリング

ファみやげ、ひいてはファンシーグッズというものは、昨今ふわふわした淡い色使いであると誤解されていることがあります。しかし実際に1980年代当時のファンシーグッズを見ていくと、キャラクターごとにカラーリングは決められています。たとえばサンリオのハローキティも誕生当時からしばらくは赤・青・黄色の原色が基本であり、決して淡い色使いではありません。ファンシー絵みやげにおいては、パステルなカラーリングはむしろマイナーです。メインのターゲットが女子より男子であるというのも大きいかもしれません。

蛍光色や、それに近いネオンカラーも多く、派手で目立つものが多く見つかります。

他には黒を使ったものが多いのも特徴です。ファンシーグッズでも、フィリックス・ザ・

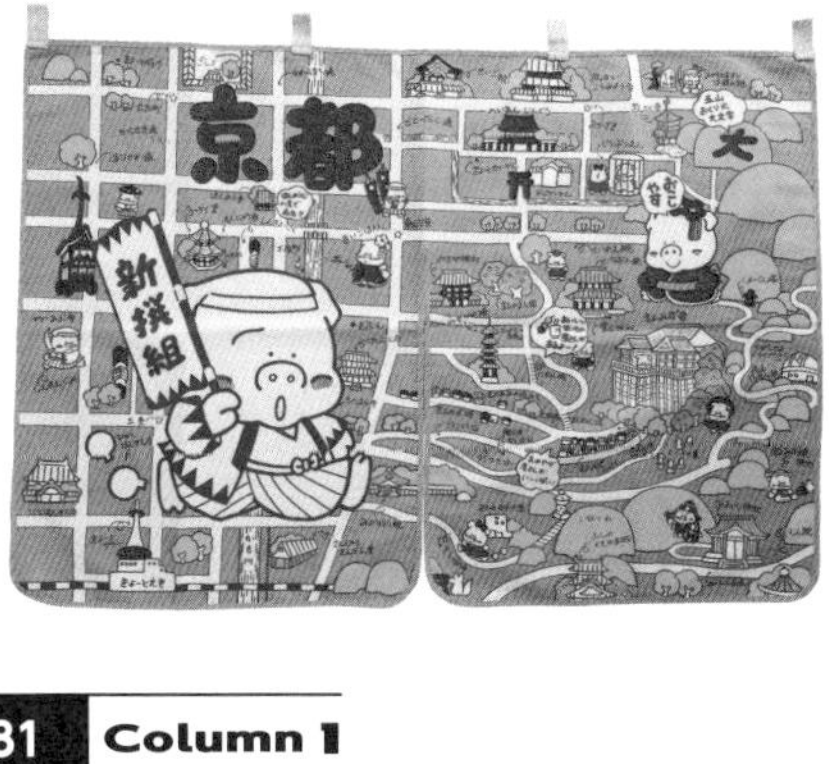

キャットなど黒を基調にしたものや、モノトーンのものが、少し大人びたアイテムとして人気でした。落ち着いたカラーリングの部屋に合わせたモノトーンの「のれん」というものもあります。カラータイプとモノトーンの2種類用意されることも。印刷する色数によってコストは大きく変わりますが、バブル景気ゆえ贅沢に色数を使った商品が多い中、モノトーンなのはインク代を節約しようという理由ではないでしょう。

さらに黒地にネオンといったスポーティーな配色は、主にスキー場周辺で売られた商品でよく見かけました。黒地に金色という、オラオラ系っぽいカラーリングの商品は、京都や日光など修学旅行の目的地周辺で売られがちです。これもヤンキーが修学旅行にはちゃんと参加するということが影響しているでしょう。全国で同じものを売っているようにみえて、その商品の方向性には地域の特色が少なからず見え隠れしているのです。

Chapter 3

私を極楽スキー天国に連れてって

01 スキー旅行人気とお土産

冬季オリンピックが開催されるたびに様々なウィンタースポーツの話題がメディアを賑わせますが、ファみやげが売られていた1980〜1990年代の初頭は、まだスノーボードが本格的に流行する前で、**ウィンタースポーツといえばスキー**が主流でした。スキーには泊りがけで行くことが多いため、最後に買って帰るお土産は必需品。ゲレンデ近くの宿泊用のペンションやホテルが並んでいる中に、土産専門店があったりしました。スキーの道具類がアルファベットのブランドロゴを使用した洗練されたデザインなので、お土産もまた洋風なデザインが求められるのです。

また、ゲレンデは高原にあるので、そこから近いエリアに古くからの温泉地があって、そこに泊まったりします。その温泉街にある土産店では、温泉名だけでなく、ゲレンデ名が書かれたファみやげが売られていることとも。

02 スキーブーム到来!

ホイチョイプロダクションがスキーを題材にした**映画『私をスキーに連れてって』**と、スキーに関する**書籍『極楽スキー』**を発表した1987年あたりから、大学生など若者を中心にレジャーとしてのスキーブームが訪れました。

そしてゲレンデの近くにも土産店が立ち並ぶようになり、売られるファみやげにも変化が。もともとターゲットだった子ども向けから、少しお兄さんお姉さん向けの香りが漂うようになってきました。

⬆新潟県シャトー塩沢のファンシー絵みやげ「GONちゃん FREE STYLE」。というセリフ、まさにゲレンデがナンパスポットになった時代で、お土産の内容をみてもターゲットが子ども向けから大学生向けへにわかに変化していることが分かる。

⬅長野県は白馬エリアの八方尾根も「HAPPOONE」とアルファベット表記に。一見「ONE」が英語の「ワン」だと勘違いしてしまう。雪合戦がモチーフのイラストはファみやげでは珍しい。平成時代の1998年に日本でおこなわれた冬季オリンピックの開催地は長野県だった。

⬆新潟県のゲレンデ・上越国際スキー場のファみやげ。上越・中越・下越という新潟県の地域分類では中越にあるが、ここは上毛と越後を繋ぐ上越線沿いにあるからこの名前に。「すきぃ（ハート）ぼぉぃず」で「好き」と「スキー」をかけている。最初いきなり「ORETCHI」と「A」が欠落してしまっているが、こういった例はよく見られる（俺っちの可能性もゼロではないが……）。

➡こちらは長野オリンピックより前、札幌オリンピックで使われた大倉山のファみやげ。

スキー場ファみやげの特徴

■スキー場の商品でモチーフとなるキャラクターは、まずスキーをする人、スキーヤーです。そして、やはり山なのでキツネやクマなどの動物。高原には牧場があるので、ホルスタイン種のウシも使われます。単純にそのキャラクターのイラストというパターンもあれば、ちゃんとスキー板を履いているものもあります。▷

1

2

3

1｜こちらは高原にある牧場の定番キャラである牛さん。ちゃんとした綴りの英単語混じりのローマ字で文章が書かれている。そしてスキー板には人気ブランド「ロシニョール」をおそらく無許可で記入……。

2｜温泉街とゲレンデがすぐ近い長野県・野沢温泉スキー場のファみやげ「HAKUGIN GRAFFITI」。スキーヤーをキャラクターにしたもの。形と背景が初心者マーク（若葉マーク）なのは、まだスキーの初心者であるということを意味する。

3｜こちらも初心者マーク。山にいる野生動物でよくモチーフとなるクマにスキーをさせている例。やはり初心者なのでオドオドしている。

4 | 志賀高原の「Clap in White」。木の精のように見えるが、それが何なのかいまだもって不明。

5 | 新潟県妙高高原スキー場のファみやげ「ROMANTIC RIFT」。スキーを滑ってる絵が多い中､こちらはリフトを使っているシーンを大胆に切り取った意欲作。クマにも雪だるまにも雪男にも見えるので、何のキャラクターかはよく分からない。

6 | 長野県･志賀高原のファみやげ「WHITE MONSTER」。雪男っぽいキャラクターで、親子という点がかわいらしい。子どもはサンタ帽子らしきものをかぶっている。

4

5

6

▷それからスキー場では、人間でも動物でもないキャラクターが多く見受けられます。まずその代表格が雪だるまキャラ。マフラーを巻いていたりスキーをしていたりと擬人化されています。他には、UMAのイエティに妖怪の雪男。そして雪崩のようなものに顔が書いてあったり、雪の何か……としか言いようがない、謎の生命体など様々です。

7｜ソリ遊びをする雪だるまキャラクター。こちらは栂池スキー場のファンシー絵みやげ「WHITE BALLOON」。「雪の妖精が舞い降りる」と書かれているが、雪だるまのことだろうか。雪だるまは人物でも動物でもないキャラクターの定番。

7

スキー場らしい商品

スキーが人気になるにつれ、ゲレンデ名を横文字にしてブランド化する例があり、それもまた土産品の価値を高めました。有名なところでは、東京オリンピックのポスターや企業ロゴなどで知られるアートディレクターの亀倉雄策氏が手がけた岩手県の安比高原「APPI」などは、当時ステッカーを車に貼るのが大流行に。ステッカー以外にもそのゲレンデ名のロゴをあしらった商品が各種売られていたのです。▷

8

8 | APPI や KIRORO、SIZCA に TOMAMU など東北や北海道のゲレンデたち。このようにオシャレなアルファベットのロゴを作ってグッズ展開もしていた。TOMAMU の例ではファみやげのキタキツネが描かれている。

9

▷ファみやげにロゴだけが使われた例もあります。新潟県の苗場スキー場「Naeba」や群馬県の万座スキー場「Manza」、北海道の富良野スキー場「Furano」など。プリンスホテル系のロゴは許可を得ているのかどうなのか、そのまま書いてあるものが多く存在しています。▷

▷また、他にもスキー用のポンチョや、スキー用のヘッドバンド、リフト券のケースなど、実用的なスキーグッズにファみやげのイラストがプリントされた例がいくつもあります。さらにスキー場には車で訪れることが多いため、カー用品のファみやげも。

10

11

9 | Manza、Naeba、Furano とプリンスホテル系の「あのロゴ」がそのまま使われているパターン。
10 | 雪だるま「MELODY SNOW」のキーケース。一応こちらはカーグッズに分類される。
11 | こちらは図形と動物を組み合わせた感じのオシャレなファみやげシリーズ「Gritty Pard」の手袋。

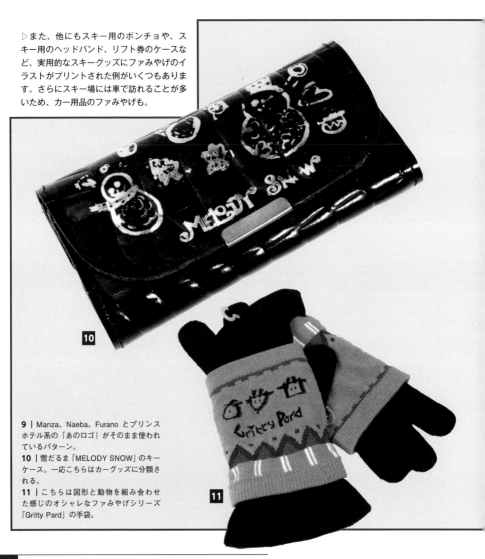

12

13

14

ちょっと気になるスキー場みやげ

■スキーブームが起こったタイミングもあり、スキー場のお土産は他と少し違うテイストの気になるものがたくさんあります。

15
skier
TARO
WATASHI
JIRO
3人の出身地

12 | 「SKI」のスペルを「SKY」にしてしまったと思えてしまう２種。この間違いは起こりやすい。ちなみに「SHIGA」は滋賀県ではなく志賀高原。こちらは誤解を生まないように「SHIGAKOGEN」とフルで書かれることが多い。
13 | 目標がリフトに乗ること！　しかもプレートの形がサーフボードの流用に見えてしまう……。
14 | 石打スキー場。I LOVE YOU TOO…ということは、告白された人がOKの返事で渡すためのもの!?
15 | スキーヤーのキーホルダー。かなり細かく文字情報が入っている。３人の出身地と書かれているのは、その横に地名を入れるため。しかしこれは地名が印刷されていない。
16 | アヒルっぽい鳥。ストックは持っているけどスキー板はいてない！　水かきの足でそのまま滑れるのか……。

16

There is a winter season for you. And so you have a good time at this place
志賀高原

なぜか全裸で……

■スキー場で裸。まったくもって謎ですが、こういった冗談っぽさが当時の時代の空気感でした。

17

19

18

17｜中里スキー場。「すべれないの…」。それは分かったから、服を着た方がいい。雪も降ってるし。

18｜こちらも中里スキー場。「だれかおしえて…」確かに初心者なら教えてもらうのが一番。だけど、それより早く服を着た方がいい。

19｜お！ニットキャップかぶった！ でも全裸！ ゴーグルとマフラーだけで全裸！ 早く服を……。

【そもそも寒くないから と言ってなぜ裸なのか！】

20

20 ｜「はだかだけどさむくないぞーがんばるぞー」。スキーブーツにスキー板、ストックまで持って、なぜ服を着ないのか。そもそも寒くないからといって、なぜ裸なのか！

21 | 「すき 好き スキー？…」という基本的なダジャレ。それより男の子が全裸でスキーをしているのに、逆にウサギはオーバーオールみたいなものを着ている!! いや、さらにそれよりも背景で雪が積もっている木、ヤシの木のような……。

【逆に動物は服を着ている!!】

21

NOZAWA
Ski Sempre
WHITE MATES
SNOW KIDS
HAKUBA
KITASHIGA
If you love ski
Please come
by me side.
I will love
you.
OZE
HOTAKA
I'VE FORGOT SOMETHING
shigakogen
LET'S GO OUT
Carrot
Club
HIDAJI
© HEART MEMORY
APPLE SKI LIFT

Chapter 4

花と緑の博覧会みやげ

01 まず植物のキャラクターあるのか問題

ファみやげのキャラクターとなるのは、その土地ゆかりの人物や動物が多く、特産品の果物や野菜が擬人化されることは少ないです。本書の冒頭に書いたように、ターゲットである子どもが感情移入しづらいのか、もともと四肢のない果物や、それに手足を生やしたようなキャラクターはほとんど見つかっていません[図1]。

当時、ファミコンに移植されてヒットしたゲーム『サラダの国のトマト姫』やアニメ『サラダ十勇士トマトマン』などのように、人間の体に頭だけ野菜や果物というイラストも、「ガーデンスタッフ」[図2]のようにファンシーグッズに少しだけあるものの、ファみやげでは少数派なのです。

では、植物そのものはどうでしょう。

まず植物で思い出すのは、筆者の世代ではNHK教育テレビ（現・Eテレ）の子ども番組『おかあさんといっしょ』内の「にこにこぷん」に出てくる顔がある木、そして物語の場面転換で

[図1] 山形県で有名なサクランボ。しかし、このように果物自体に顔を描いてキャラクター化してあるのは珍しい例。

[図2] きゅうり、ナス、ポテト、カブ、トマトをキャラクター化した「ガーデンスタッフ」

「それからどんどこしょ〜」などと歌う3本の花が思い出されます。

しかし、そのような例もファみやげではほとんど見つかりません。なぜなら、まず**一本だけの樹木が有名な観光地というのが少ない**からです。

桜や梅園が有名な観光地でも、木は群生しているため一本一本幹に顔を描くといったことはなく、そこに登場するキャラクターは木々のある風景を背にした**「花咲かじいさん」**[図3]だったり、訪れたカップルだったりします。

花についても、花にまつわる観光地や施設は多いものの、擬人化しづらい。花に関するものは、山形県の郷土芸能である花笠踊りをモチーフにした**花笠娘のキャラクター**[図4]があります。こちらは山形県全体で商品が売られており、おそらく山形で一番メジャーなキャラクターです。

[図3] 樹齢1500年以上の淡墨桜が有名な、岐阜県本巣市にある根尾谷・淡墨公園のテレホンカード。黒い部分は温感印刷で、温めると桜の写真が浮かび上がり、花咲かじいさんが花を咲かせている風になっている。

➡秋田県のアキタブキを収穫する女の子、そして青森のリンゴを収穫する女の子。このように果物や植物そのものではなく、それを収穫する伝統的なスタイルの女性がキャラクターになりがち。

[図4] 山形県の花笠娘。「紅花の山形路」として、ベニバナとサクランボも描かれている。

⬅花ではないが、綿毛キャラの「たんぽぽ KIDS」というものも。「風に吹かれて自由に飛び回るタンポポの子どもたち」というイメージもあるので、花よりも擬人化しやすいのかもしれない。

02 博覧会で花ひらくキャラクターたち

ファみやげ全盛期である1990年に**「国際花と緑の博覧会 EXPO'90」**（以下、花博）が開催されました。1970年の大阪万博、1975年の沖縄海洋博、1985年のつくば万博に続く国際博覧会。ちょうどバブルの真っ只中で、前後数年間は日本中で数々の地方博が開催されました。

２０２５年の大阪万博のマスコットキャラクター「ミャクミャク」も話題になりましたが、かつての万博ではどんなマスコットキャラクターが存在したのでしょうか。

花博だけでなく、各地で園芸にまつわるイベントが開催されたことは多々あり、そのお土産品には植物モチーフのイラストを見つけることができます。

⬆花博の公式のロゴマーク入りメダルキーホルダー。

園芸関連の地方博

【おかやま食と緑の博覧会】

【'86 さっぽろ花と緑の博覧会】

【宮崎がうまい
食と緑の博覧会'90】

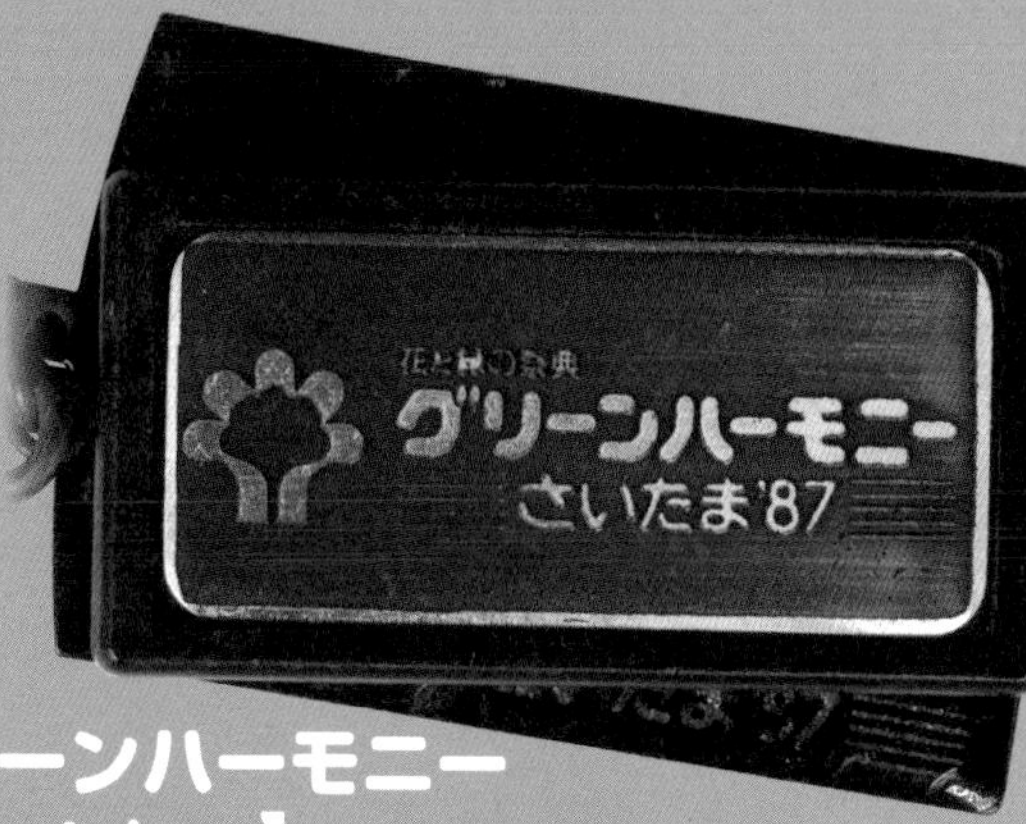

【グリーンハーモニー
さいたま'87】

【緑花祭なごや'88】

【花フェスタ'95】

【'89 グリーンフェア
せんだい】

花ずきんちゃん

■こうした中でも国際博であり、かつバブル真っ只中の開催である花博の商品数は桁違い。マスコットである「花ずきんちゃん」のイラストを使用して数々のアイテムが販売されたのです。

1

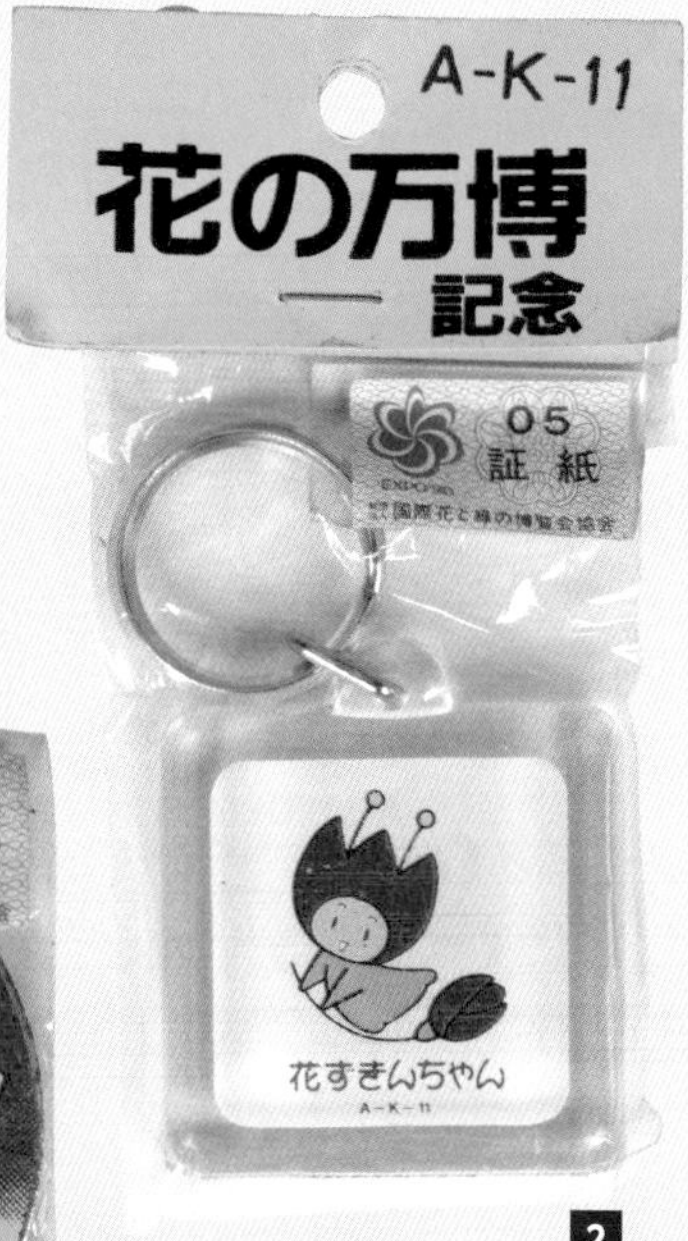

2

3

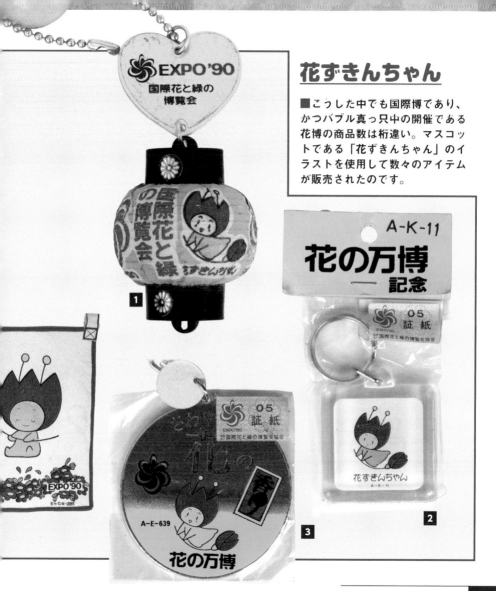

5

4

6

1 | 花ずきんちゃんミニ提灯キーホルダー。お土産の定番である提灯をミニサイズにしたもの。
2 | 花ずきんちゃんのキーホルダー。ハワイやディズニーランドによくあるアクリルで挟んだタイプ。
3 | 花の香りがするキーホルダー。同じ仕様のものはファみやげにも存在する。博覧会のグッズも、観光土産と同じメーカーや工場で作られていたことが分かる一品。
4 | 花ずきんちゃんボールペンキーホルダー。折りたたんで携帯できる便利なボールペン。
5 | 花ずきんちゃん消しカスローラー。当時流行した消しゴムのカスを掃除する文具。
6 | こちらは珍しい、花ずきんちゃんの「のれん」。

7

7 | 花博のシンボルタワー「いのちの塔」のキャラクター「不思議ちゃん」。

花博だけど花博じゃない

■数々の花博グッズを見ていると、型番がなく証紙から逃れるように花ずきんちゃんを使っていない例が見つかります。

8

10

9

11

8 | 花とミツバチのキャラクター。「EXPO'90」の記載で花博関連のものとアピール。

9 | こちらも花に関連するミツバチ。「3H ナチュラルトリオ」なるキャラクター名入り。当時は「3 高（高学歴・高収入・高身長）」みたいな言葉があったけれど、この「3H」は HARE、HANA、HACHI。

10 | その場で自分の名前を彫ってくれるキーホルダー。OSAKA FLOWER '90 としか言っていない。

11 | 花の街 ふたりの大阪……。都はるみ・宮崎雅1981年のデュエット曲「ふたりの大阪」を意識していると思われるが、「花の街」とは⁉ 團伊玖磨作曲の「花の街」という曲もあるが、まずもって普段は大阪に「花の街」というイメージはない。完全に花博を意識していると言える。

12

12 | 「はながいっぱい!!」。どうしても、当時流行していたサンリオの「みんなのたあ坊」のことを思い出さずにはいられないイラスト。

花の博覧会
HANA✿HAKU

WELCOME JAPAN
OSAKA

WORLD FLOWER '90
INTERNATIONAL BIG FESTIVAL IN OSAKA JAPAN
THE 20TH CENTURY 1990

WORLD FLOWER '90
-1990.8.12-
OSAKA JAPAN

◀32
OSAKA'90

GREEN & FLOWER
OSAKA'90

GREEN PARADISE
OSAKA'90
GREEN & FLOWER

花の街
OSAKA
好っきやねん

13

花と緑
OSAKA '90

14

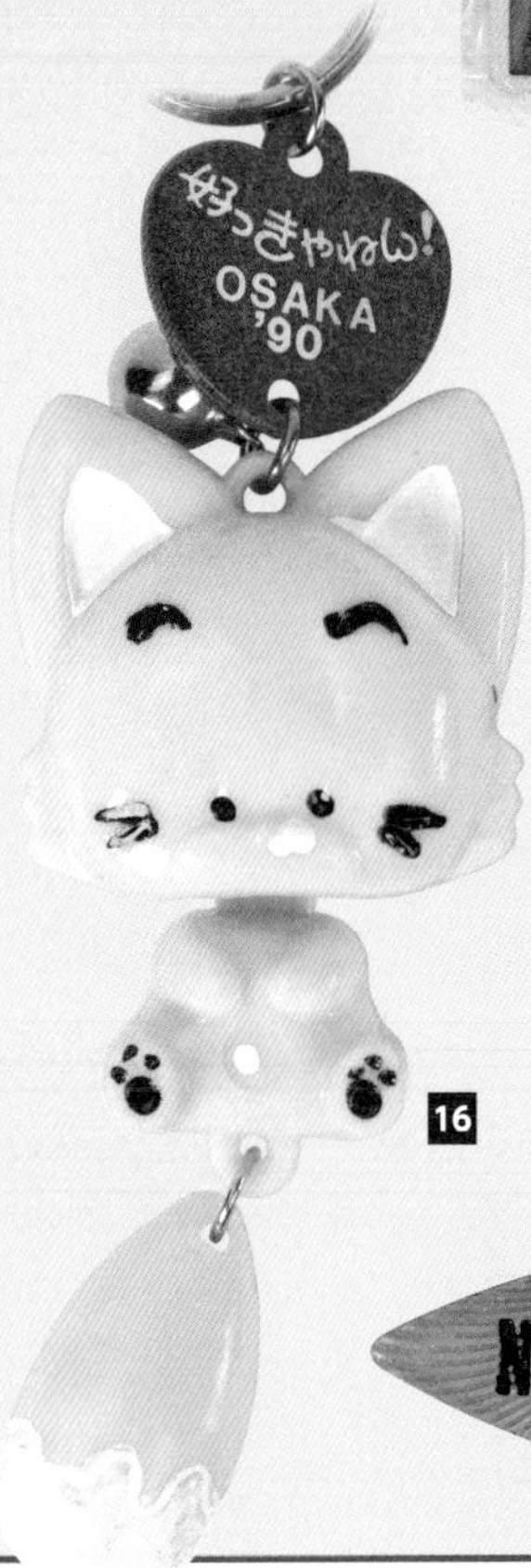
好っきやねん!
OSAKA
'90

16

忍
NIN
JYA
忍
OSAKA '90

15

17

13 | 「花の街OSAKA」としか言っていないキーホルダー。
14 | 「花と緑 OSAKA '90」……。もはや花の要素が薄すぎる！　単なる男女！　2人の髪型や服装の時代設定もよく分からない！　どう見ても1990年の男女ではない。
15 | 表面には地名もない「NINJYA」と書かれた手裏剣型の忍者キーホルダー。裏には「OSAKA '90」のみ！　「花」のキーワードさえも書いていない！　ただの「1990年の大阪」。
16 | キツネのキーホルダーの上に「好っきゃねん！OSAKA '90」を付けただけ！
17 | フラワーキッズの傘キーホルダー。もともと傘型のファみやげキーホルダーが存在しており、それを流用している。右下にてるてる坊主がぶら下がっていたものがチューリップに変わっている……しかし枠の形はてるてる坊主のまま……。

EXPO

Chapter 5

01 なぜヤシの木なのか

本章のテーマは、ヤシの木。南の島における海水浴場などでは外せない要素です。

平成の終わり頃から、ちまたでは空前のシティポップブームが起こっています。そのブームは音楽ジャンルという枠を超えて、昨今の昭和・平成レトロブームとも結びつき、当時の若者文化にも波及。なかでも、個性的な商業寄りイラストレーターが多く誕生した当時、シティポップ関連のレコードジャケットを手がけていた永井博さんや鈴木英人さんのイラストの人気までも再燃しております。

そこに描かれるのは、東京やマンハッタンの摩天楼といった都会的な風景よりも、アメリカ的なシーサイドリゾート。分かりやすく要素を挙げれば、青い空にカモメと入道雲、白い砂浜に白波、サーフボードをのせたフォルクスワーゲンのビートル、そしてヤシの木！

そういった**「シーサイドリゾートへの憧れ」**があって、海水浴場など海にまつわる観光地においても、そのイメージに近づけようという意識がありました。当然それは、そこで売られるファンシー絵みやげにも反映されていたのです。

【これぞ ヤシの木 in ヤシの木！】

➡かつては“東京都ナンパ島”とまで呼ばれた新島のキーホルダー。まず全体の形がヤシの木な上に、イラストにもばっちりヤシの木が描かれている。これぞヤシの木 in ヤシの木！

⬇東京都島しょ部、八丈島のキーホルダー。「MARIN PARADIS」の「I」をヤシの木にしたアイディア溢れる商品。だけどパラダイス＝「PARADISE」の「E」が足りていない。

02 やたらヤシの木はえてる問題

南国リゾートの雰囲気を出すためにヤシの木は欠かせません。実際に日本の観光地でも、南に行けば行くほどヤシの木が生えています。**宮崎県**や**高知県**といった南国では、幹線道路沿いや主要な駅の前に、ヤシの木が林立しています。

たとえば関東地方であっても、逗子マリーナなど海沿いにはヤシの木が生えています。最近では千葉にあるヤシの木スポット**「千葉フォルニア」**も話題ですね。

ところで、日本はそもそもヤシの木が自生するような場所なのでしょうか。その答えは、ファみやげを探して愛知県・伊良湖岬に行った際、フェリー乗り場で見つけました。ここには「やしの実博物館」という展示施設があるのです。

　そこに、ヤシが生えるエリアを示した地図があり、確かに日本も一部、ヤシが自生するべき範囲に含まれています。

　しかし、ファみやげを見てみると、**どうもヤシ自生ゾーンの範囲を越えてヤシの木が存在している**ようなのです。

⬆千葉フォルニアのある千葉県・房総半島のキーホルダー。こちらはヤシの木が生えている部分にヤシの木型の穴が……。もはやヤシの木の存在が消失!? ヤシの木が存在した部分に、次元の歪みともいうべきブラックホールが出現したようになっている。

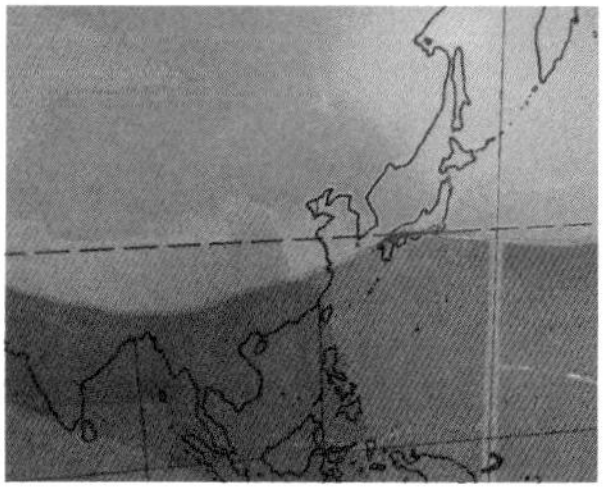

⬅ビビッドなオレンジのゾーンがヤシが自生する場所を示している。

⬆アイランドキッド。あの漫画でよく見る無人島の表現！　南房総なので仁右衛門島のイメージ⁉

⬆前髪で目が隠れているイラストも少し懐かしい。暗闇で光る房総半島のキーホルダー。

➡イラストにもヤシの木、そして「PALM CLUB」と書かれたベースにもヤシの木型の穴があいています。1950年製ではない……はず。

違和感たっぷり！ あちこちのヤシの木 コレクション

愛知県のヤシの木

1｜三河湾のサーフボード型キーホルダー。オーロラに光る。

2｜横浜銀蝿も使った「かっとび」という言葉だが、かっとびビーチの意味は分からない。

3｜南知多ビーチランドがあるので、当然ヤシの木。どこか見覚えのあるペンギンのカップル。

1

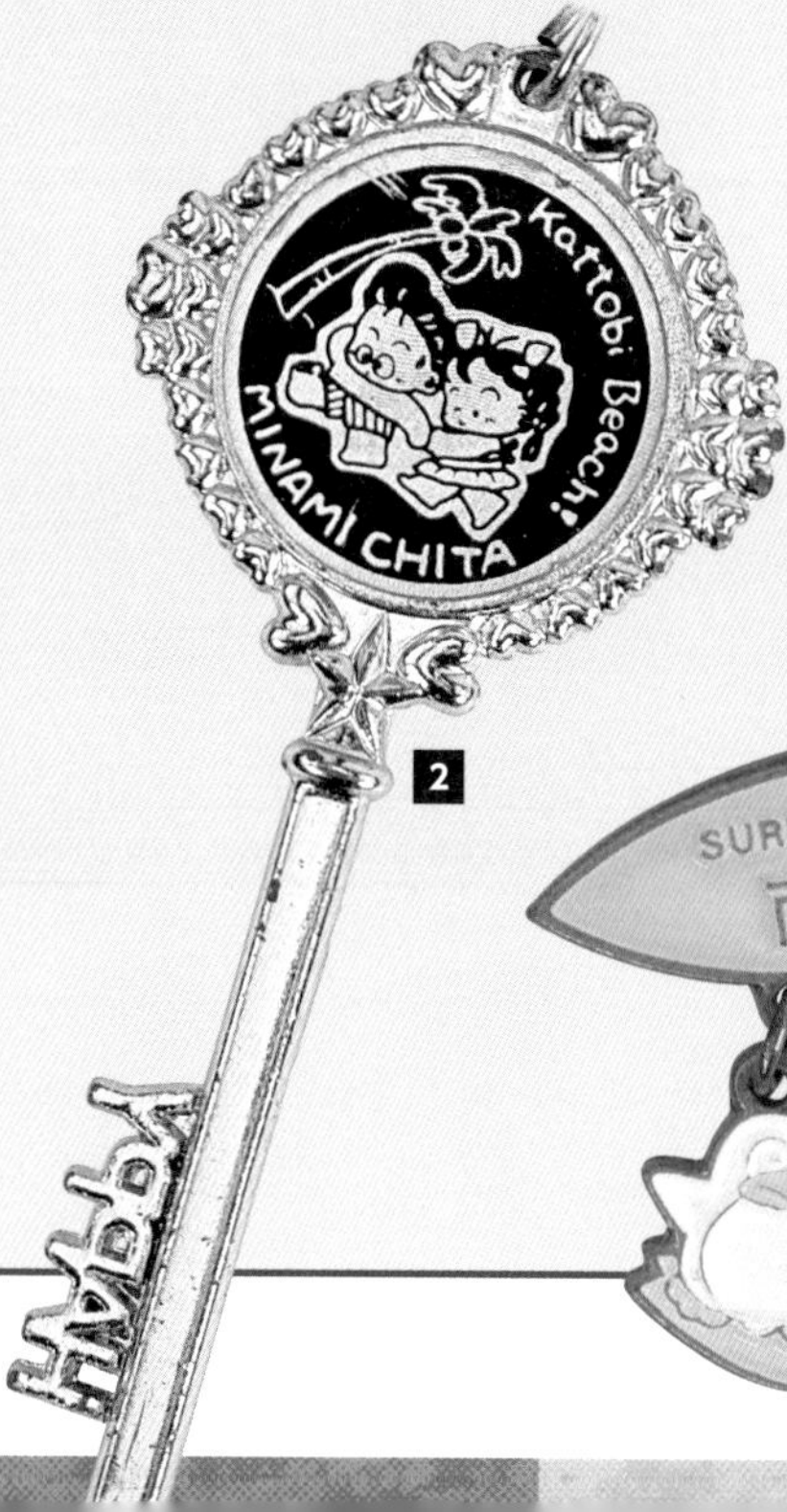

2

3

多摩のヤシの木

4 | 東京の「府中市郷土の森」で、東京の多摩地区なのにヤシの木！ 森なのに海！ 描かれているキーホルダーについて、実は調査したことが。詳しくは筆者 YouTube チャンネルで！

4

5

新潟県のヤシの木

5 | 新潟県の中越エリアにある寺泊でもサーファーとヤシの木。確かに画像検索すると、ヤシの木は存在するようだが、冬を越せているのだろうか。

6 | 新潟県の北部・下越地方、瀬波温泉が有名なSENAMIのキーホルダー。エリア的にはヤシの木というイメージはないが、確かに、かつては「ビーチランド」という施設もあった。

6

宮城県のヤシの木

7 | こちらは仙台の青葉城。伊達政宗のキャラクターがいる場所は、なぞの砂浜。右は遠くに青葉城。が、しかし……左では、青葉城がヤシの木に!!

8 | 宮城県は金華山おしかホエールランドの「のれん」。クジラの潮吹きがヤシの木に！　クジラ島！

7

おしか
ホエールランド
Let's Go! KINKASAN
Ture Lukana?
HAYAKU Oide。
8

■筆者が所有するファンシー絵みやげにおけるヤシの木の登場する北限は岩手県。もし、岩手県・秋田県でもさらに北側や、青森県・北海道でヤシの木が描かれたファンシー絵みやげの情報をお持ちの方がいたらご連絡を！

9

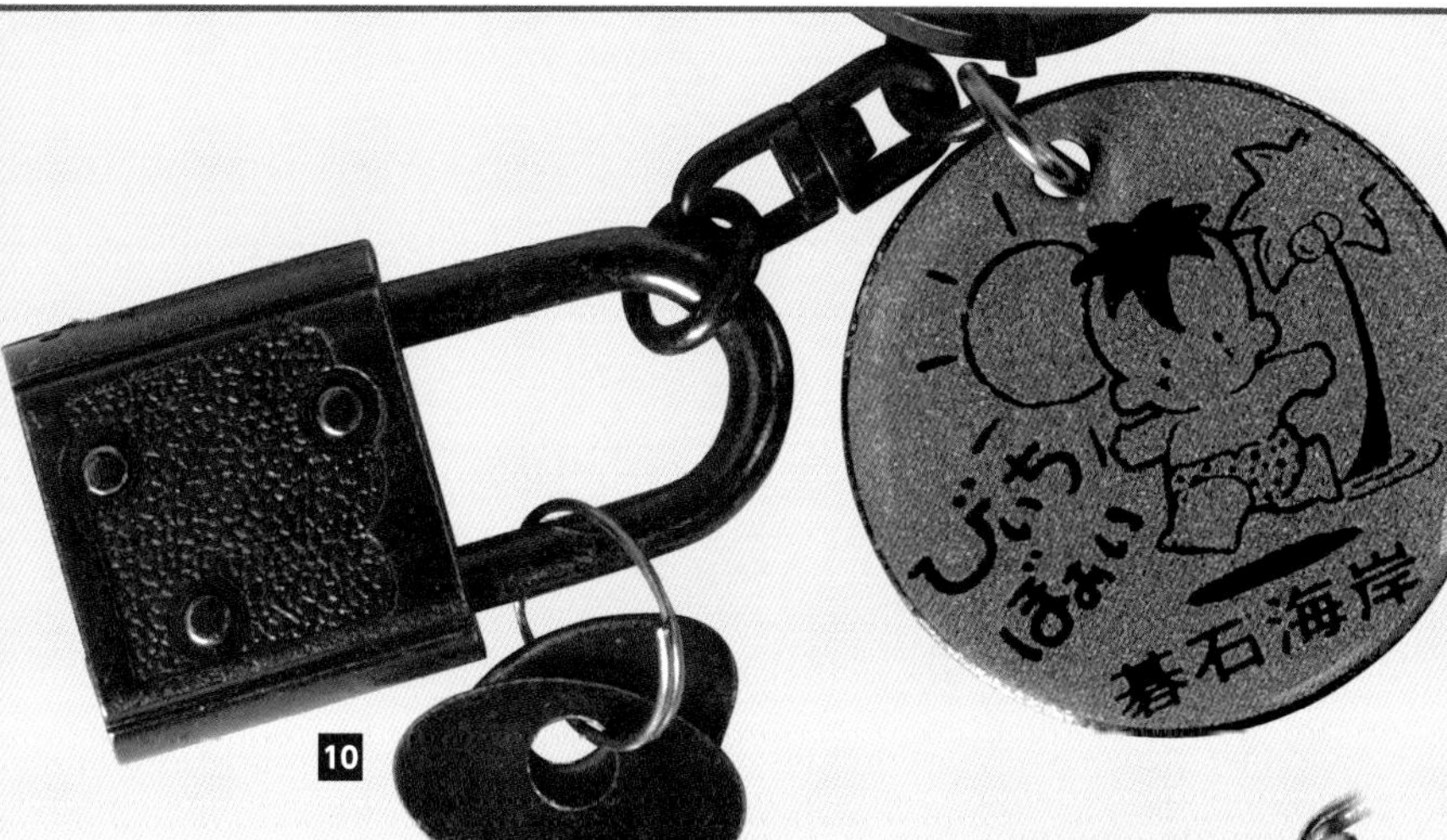

10

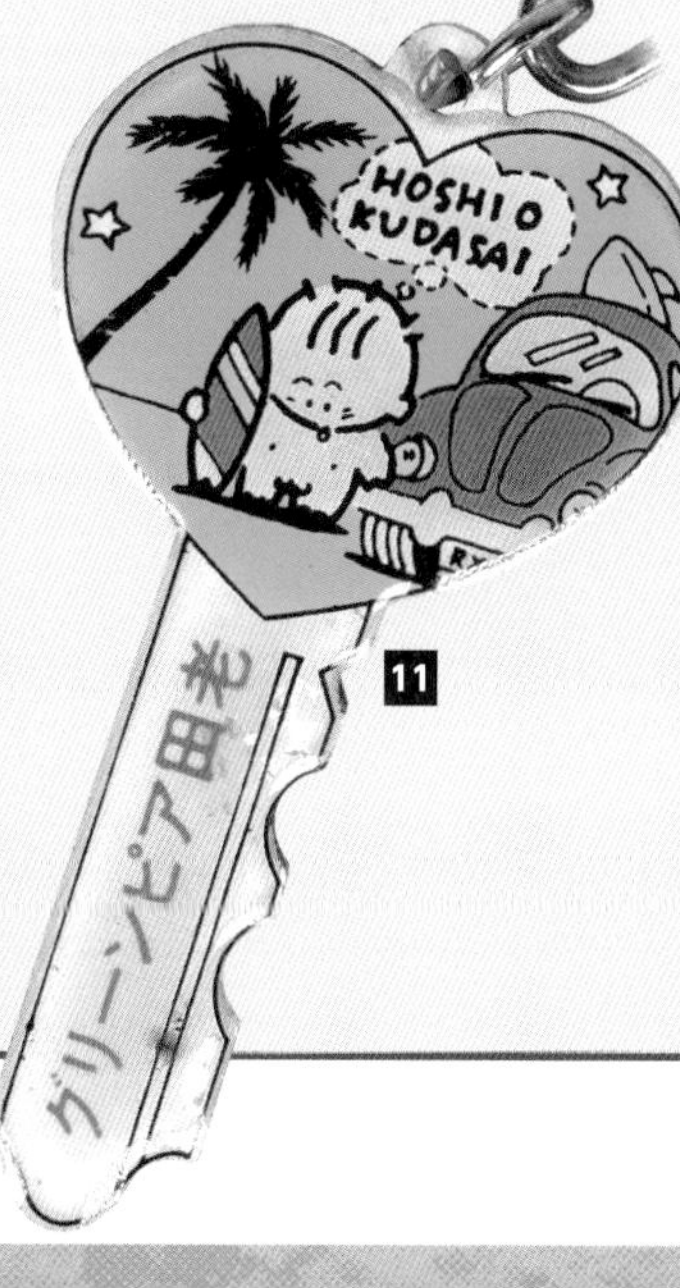

11

岩手県のヤシの木

9 | 岩手県の陸中海岸にもヤシ。カニのサーファー！
10 | 岩手県の碁石海岸にもヤシ。海パン一丁で元気な男の子！
11 | 岩手県の田老町（現：宮古市）にもヤシ。もはや男の子が全裸！

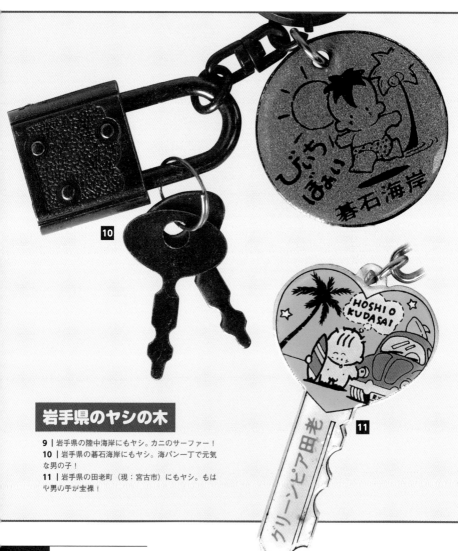

高原のヤシの木

12 | 長野県は軽井沢のキーホルダーにもヤシの木。長野というと海なし県で、スキー場や牧場のイメージがある高原だが……？

13 | “高原の原宿”と呼ばれた山梨県・清里高原（KIYOSATO）のキーホルダー。小海線という鉄道が通っているものの、それはかつて大きな湖があったというだけで、JR最高地点の近くにある標高の高い駅でなぜ「ぼくちゃんビーチ」?? 全裸でサーフボードを持った男の子と、後ろには風に吹かれたヤシの木！

12

13

【沖縄ではこの世で最後の……】

14
PALM BEACH
LOVE
OKINAWA
TROPICAL
We are the last couple
in this world

沖縄県のヤシの木

14｜手をつないで幸せそうな水着のカップル。だが下の英文を読むと「私たちは、この世界で最後のカップルです」。まさかのポストアポカリプスな世界観だった。サーフボード以外は海に沈んでしまったのか。背景のヤシの木も、最後に残った１本なのかもしれない。

03 ヤシの木が とんでもないことになっていた

ヤシの木は、もはや**どこでも背景に描かれていた**ことが分かりました。では、**ヤシの木そのものが主役**になっているものは無かったのでしょうか。

前章で、ファみやげに植物のキャラクターが少ないという話をしました。野菜や果物を擬人化したキャラクターは少ないし、草花や樹木は背景にこそなれど、あまり擬人化されません。同じように**ヤシの木そのものがキャラクターとなっている例は少ない**です。なにしろ特徴である細長い幹を二頭身のように縮めてしまうことは**アイデンティティの喪失。**「ヤシの木」だと認識できなくなってしまうからでしょう。

しかし強引にキャラクター化してしまった例は存在します。それは東京都島しょ部、**八丈島**

筆者はここまで強引なキャラクター化を遂げた例を知りません。やはりヤシの木が、それほどまでに重要な存在だったということでしょう。

日本中いたるところにヤシを強引に植えているのもまた、観光地において雰囲気を出すのに外せない要素ということです。

海沿いの観光地などに行かれた際は、ヤシの木に注目してみてください。

➡「やしの木らんど」の木製キーホルダー。幹の下の方が末広がりに大きくなっていて、そこへ顔を描き、両手を付けることで、擬人化を達成している。

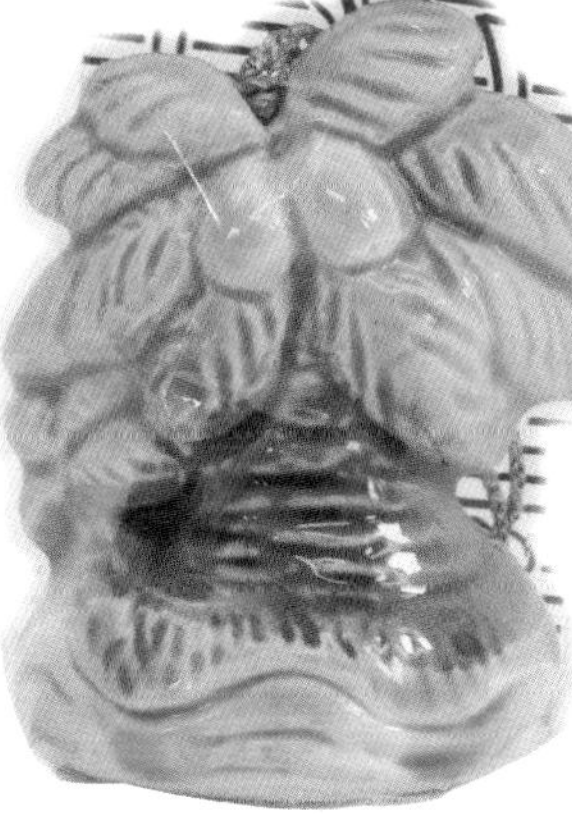

⬅こちらは立体の陶磁器でできた風鈴。その構造上、どうしても空間が必要なのでヤシの木が、こんなに太くなっちゃっている。「ヤシの木のアイデンティティを捨ててまで風鈴にしなくてはならない」という、その強迫観念こそが人気の証拠である。

➡こちらは東京都島しょ部、伊豆大島のキーホルダー。「CORAL 愛ランド」は、石川優子とチャゲによるデュエットソング「ふたりの愛ランド」を思わせる……。が、問題はその下。実がなっている時点で親子みたいなものですが、小さいヤシの木も寄り添っていて、親子っぽい。

➡こちらは宮崎県のウォレットチェーン。かなりヤシの木が縮んでしまっている。

YOU
KUJUKURI
OKINAWA
PANTS
UMI NI NAGASARE TANO
SHIKINE
OKINAWA
YOU
SHIKINE

Column 2 保護活動の天国と地獄

全国の観光地にある土産店や、観光施設の売店を訪れ、実際に現地で今も販売されているファみやげを探して購入することを「ファンシー絵みやげ保護活動」と呼んでいます。略して「ファみ活」とも。

その活動は、ファみやげ保護が最優先となるため、温泉地へ行っても温泉に入らず、湖畔にいっても水面を見ずに次の目的地へ移動するなど、観光を楽しむ余裕がありません。朝、ホテルの朝食バイキングでたくさん食べておいて昼は抜く、移動中にカロリーメイトなどをかじって済ませるなど、旅行の醍醐味といえる食事もまともに取れないストイックなスケジュールとなります。

しかし、それに関しては自分が好きでしていることなので、地獄ということもありません。むしろ風景に見惚れていて大事な時間を浪費するほうが地獄。そして、実際に生存個体に巡り逢えた時の喜びといったら、この上ない極楽気分なのです。

そんな喜びを求めて好きこのんでしている活動においても、地獄のような苦しみを味わう機会は発生します。たとえば、命の危険を感じる瞬間。北海道・弟《て》子《し》屈《かが》の宿で借りた自転車で長距離移動し屈斜路湖畔で保護活動をしたところ、帰路の途中で日が暮れてしまいどんどん下がる気温。真っ暗で長い長い一本道、ひたすら変わらない木々の風景。感覚のなくなる手足。野生動物に怯えながら、ただ自転車を漕ぎ続けました。ほとんど車が通らず、電波も入らないため、この時は死を覚悟しました。遠くに見えてきたセイコーマートの明かりが、どれほど希望の光に見えたことか。

他には、常に両手いっぱいに紙袋を抱えて観光地を走り回っているのですが、列車の時間ギリギリまで調査して、いざ乗ろうと改札をくぐると、列車は跨線橋の向こう。これを逃すと数時間列車がない。何としても乗らねばと急いで階段を駆け上り駆け下りたところ、列車が停まっているのはさらに先……。行くしかないと猛ダッシュしたところで破れる紙袋。まさに地獄。両手でかき集めて乗ろうとしたらドアは押しボタン方式。地獄。

　キツネ放し飼いゾーンで餌付け体験ができる施設でのこと。餌付けは守られた高い小屋から投げるのみ。係の人からビニール袋に入った餌を渡され、投げると獰猛なキツネは、牙を剥き、低く唸りながら餌の取り合いになります。恐ろしい、野生の世界。ファみやげのかわいいキツネの世界観とは違いすぎる……。終わって帰ろうとすると係の人に餌の袋を取り上げられました。その後、売店でファみやげミニタオルを見つけたので、保護の記念写真でも撮ろうと放し飼いゾーンに入ったところ、一気に10匹ほどの大きなキツネに囲まれました。歩いても歩いても付いてきます。脳裏にはあの餌付けの獰猛なキツネが。そこで思い出しました。餌のビニール袋を取り上げられたことを。そうです、キツネたちはミニタオルの入った袋の音に反応しているのです。袋を持っていると囲まれるのです。入口に「キツネが近寄ってきたらキツネに向かってダンッと地面を踏めば離れる」と書いてあったのを思い出し、やってみたところ、一切効果はありませんでした。あの牙を剥いて餌を取り合うキツネが、餌が入っているような袋を狙って複数で付きまとっている状態。めちゃ体はデカいし、ほぼオオカミみたいなものです。数十匹ずっと付いてきますが、結構広い場所で係員も近くにいません。一本道ゆえ逃げ場もありません。出入口に行けばキツネも外へ出てしまうので、それも微妙なところ。マジで死ぬかと思いました。

　報告しきれないくらい色々なエピソードがありますが、自分が死んだら活動を引き継ぐ人が居なさそうなので、とにかく死んだら終わり。死なないように踏ん張ることが重要です。

Don't Touch a Fox!!

キツネに手を出さないで下さい 100%噛みます

戦争と平和

Chapter 6

01 修学旅行と平和

前述の通り、ファみやげの主なターゲット層の1つが、修学旅行生。目的地としてメジャーな観光地では、たくさんのファみやげが発掘されます。修学旅行はその名の通り学びの旅であり、日本史に関わる寺社仏閣などの現地に赴き、教室で教科書を見ているだけでは得られない学びを体験するといった目的があります。その中には近代史としての戦争を学ぶ、平和教育もあります。

02 ヒロシマとナガサキの違い

原爆が投下された広島と長崎は、どちらも修学旅行における定番の目的地。それぞれ平和記念公園、平和公園があり、原爆に関する資料館があり、戦争と原爆について学ぶことができます。象徴的な目的地として、**広島では原爆ドーム・長崎では平和祈念像**が有名です。被爆した広島県産業奨励館を原爆ドームとして残すことにした広島。そして同じく被爆した浦上天主堂を、一部を残して取り壊し、建て替えることにした長崎。ここが被爆遺構に対する両者の大きな違いですが、それはお土産品においてより明確になります。

まずは長崎のファみやげについて。イラストに描かれるキャラクターはバテレンやシスターなどが多く、背景も観光スポットである**大浦天主堂**が定番です。**戦争や原爆をモチーフにしたファみやげは見つかりません。**平和祈念像が北村西望《せいぼう》の作品であり、これを二頭身にして、さらにカワイイものとしてデフォルメする訳にはいかないという理由もあったでしょう。

⬆平和祈念像は、基本的にリアルなタッチで表現される。

様々な平和祈念像

1

2

4

3

1 | 背景がカラフルでも平和祈念像はリアルかつ立体的。
2 | オーロラカラーなどで派手に表現されようと、基本は写実的。
3 | ほんの少しだけ、このように簡略化された表現が存在する。
4 | ファンシー絵しおりセットには、イラストで描き直されているが、大きく簡略化はされていない。

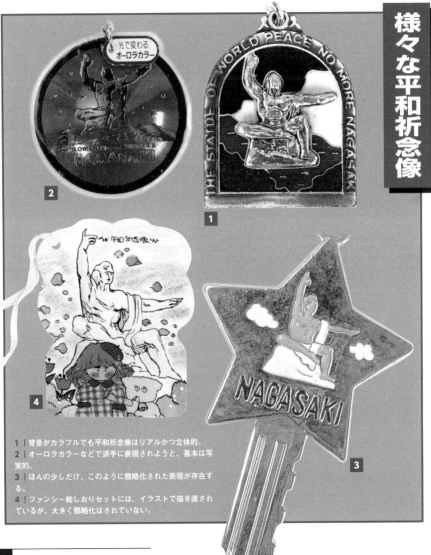

大浦天主堂はシスターと共に

5

6

7

5 | LOVE & PEACE として平和を祈るシスターと大浦大主堂が描かれている。
6 | こちらも同じく LOVE&PEACE。大浦天主堂はリアルタッチだが、シスターはデフォルメされている。
7 | Hello Dream と書かれたシスターと大浦天主堂のキーホルダー。
8 | バテレンとシスター。
9・10 | 船長とシスターと大浦天主堂。

8

Enjoy your life in this attractive city.
BEAUTIFUL & EXOTIC!
長崎

9

NAGASAKI
異国のまち
I AM CAPTAIN
I AM SISTER

10

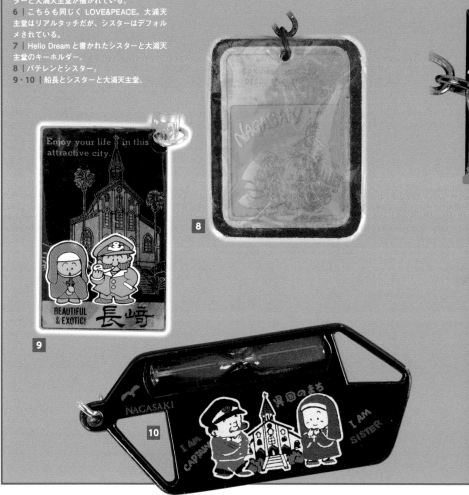

03 被爆遺構をファンシーにするか問題

ファみやげ商品を製作する場合、その土地固有のデザインにするために、**土地固有のキャラクターを使う場合**と、土地固有の景色の前に、**土地固有ではないキツネやカップルのキャラクターを配置する場合**があります。

広島市で使われる固有のキャラクターは、厳島神社にゆかりの深い平清盛なのですが、鹿や神主・巫女などとともに、宮島の地名入りで採用されることがほとんどです。宮島の地名があるものは主に宮島の中でだけ売られるため、本土広島市で販売する固有のファみやげには、できれば平清盛ではないものを描きたい。しかも平和教育で広島を訪れる修学旅行生にとっては原爆ドームのイメージが強いわけです。原爆ドームは昭和からのものなので、平清盛も毛利元就も時代が合わず、**訪れたカップルを描いたもの**が数多く見受けられます。

ただし、ファみやげの抽象化したタッチに対し、原爆ドームが合わないという重大な問題があります。原爆ドームの被爆遺構というアイデンティティを考えると、新築のように**ツルッとしてカワイイ建物に抽象化することは適さない**のです[図1]。

正しく歴史を伝えるために、そのひび割れや焼けた跡などを消せない。しかし、子どもに買ってもらうために漫画っぽく描いた軽いタッチのデザインに仕上げたい。色々な描かれ方をする原爆ドームから、そんな逡巡が浮かび上がってくるのです。

たとえば図2の月形キーホルダーはまず立地がおかしいのですが、このイラストで特筆すべ

[図1] 原爆ドーム単体の場合は、このように写実的に表現されることが多い。これをどうやって抽象化したキャラクターと組み合わせればいいのだろうか。

きは原爆ドームにヒビを描いていることです。確かに原爆ドームは被爆して損傷しているわけなので、ヒビがあるはずですが、これまではデフォルメによってツルッとした建物になっていました。しかし、このキーホルダーでは、あえて簡略化したところにヒビを描き**〝これは被爆建造物である〟と印象づけている**のです。

［図2］「夢をください」と空に、いや、夜空の星に祈る女性。しかし原爆ドームはヤシの木が生えたビーチに建っている。そんなところには建っていないはずだが……。確かに近くに川が流れていて、水辺ではあるけれど、このキーホルダーの水平線は一体??

様々な原爆ドーム入りファみやげ

11

12

13

11｜カップル＋原爆ドームながら、原爆ドームはリアルタッチ。しかし、なぜか原爆ドーム部分をギラッギラのホログラムで表現したド派手仕様。当時子どもが夢中になっていたビックリマンの当たりシール的な要素を入れて、子どもが興味を持つようにしているのかもしれないが、さながらディスコティックのダンスフロアである。

12｜厳島神社の鳥居と原爆ドームが並んでいるが、原爆ドームがかなり簡略化されているうえ、ドーム部分だけで全体が見えていない。あと、そこにとまっている鳩がデカい。鳩と分からせるために誇張したと思われるが、どう考えてもデカすぎる。

13｜こちらは12と似たような構図で、ウサギのカップルになっているバージョン。原爆ドームの下の方まで描かれている。のっぺりした壁面に黒い窓を並べていくタイプのデフォルメ。

14

15

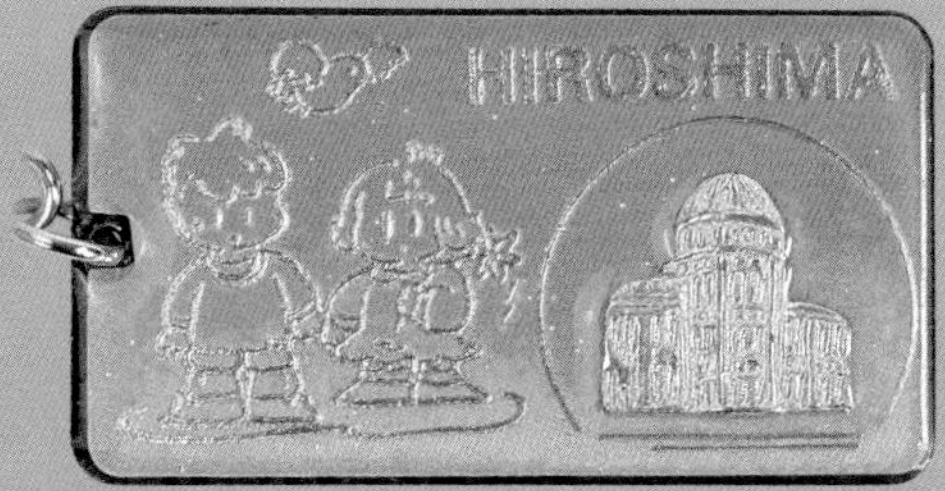

16

17

14 | エサを上に放り投げている⁉ 鳩がそれを空中キャッチ⁉ ……できるわけない……ので、これは鳩がフンを落としていると思われる。この原爆ドームのタッチはそこそこに簡略化されているが、ドーム部分がなぜか東京ドームっぽい網目状になっている。

15 | かわいい文字で「平和が一番！」と記載。なんならドームは見ていない。どんな立地の家なのか。いや、カップルは靴を履いていて、窓の鎧戸の開き方から察するに、原爆ドームが家の中にある状態だろうか⁉ とにかく謎が多い。ちなみに窓の外（中？）は暗いが、温めると絵が浮かび上がってくる特殊な印刷になっている。

16 | 金の線で見えづらく描かれたカップルと、半立体でリアルな金のパーツでできた原爆ドーム。世界観が違い過ぎる！ しかし原爆ドームを丸で囲い「ここは別世界」ともとれる表現がなされている。

17 | 方言で行って来たことを伝えるシリーズ。こちらはカップルでなく１人。原爆ドームのドーム部分のみがクローズアップ。波打つドーム部分には謎の巨大な鳥が。これもまた鳩とは思えないサイズ感である。

19

18

20

21

18｜平和都市の文字と、ミュージシャンが描かれている。原爆ドームを黄色、グリーン、ピンクという派手な3色で塗っているのが特徴的。実物はほとんど色味がないので、かなり誇張していると言える。

19｜「すきです広島」カップルと、鳩……ではなくカモメ⁉ 原爆ドームもかなり漫画タッチに仕上げていて、そんな構造だったっけ？ と不安になるほど。

20｜キャラ不在。そこそこリアルなタッチの原爆ドームだけど、白・黄色・ピンクで派手めに表現。

21｜キャラ不在でもファンシーな雰囲気のもの。原爆ドームがまっピンク。

22 | これまでデカい鳥がドームにとまってたことはあったが、こちらはデカい折り鶴。鶴なので鳥である。原爆ドームは白・水色・黄色で表現。

23 | キャラ不在で、鳩の代わりに折り鶴が飛んでいる。こちらは白・水色・オレンジで背景はピンク！　なぜか三色の鈴つき。

24 | メッセージ性が強い切符型のキーホルダー。原爆ドームも簡略化されているものの、建物のサイズ感がリアル。さらに色も、完全に色のないグレーで塗られているのも、むしろ珍しい。原爆ドームをグレーに塗ることは定番のはずだが、ファみやげでカラフルに塗られてしまうのは、やはり子どもに興味を持ってもらうためだろう。

23

22

24

広島の平和に関するキーホルダー

25

26

25｜「広島男一匹」キーホルダー。広島といえば、任侠映画の舞台……というわけで、一升瓶を持って酒を飲むヤクザ者っぽいキャラクター。その酒のラベルに「平和」……。

26｜さらにヤクザ者三人衆のイラストを使ったキーホルダー。「平和はわしらが守る」と宣言。任侠映画の舞台であり、平和都市である広島らしさ全開の素晴らしいアイディアだ。

27 | ファッショナブルで、リアル頭身な男子のイラスト。もはや原爆ドームも描かれていないが、広島のお土産において「平和が一番いい」という言葉は、デザインを崩してでも外せなかったのだろう。
28 | 硬い素材の折り鶴２つがくっついたモービル。ジェフ・クーンズもびっくりのメタリックに光る折り鶴。それはいいとして、上に書かれている言葉の軽さよ。「がんばってネ！ひろしま」。誰から誰へのメッセージなのか。当時のオリックス・ブルーウェーブ（神戸）が、阪神淡路大震災のあと「がんばろう KOBE」という文字をユニフォームに付けていたが、それとの差がすごい。「がんばろう KOBE」「がんばってネ！ひろしま」。広島のほうは完全に他人事である。

27

28

知覧のファンシー化

29｜知覧特攻基地のあった鹿児島県・知覧には特攻隊に関する施設・知覧特攻平和会館では、特攻隊員の像や、特攻平和観音、戦闘機・練習機の展示などがあり、知覧に関するグッズでは戦闘機がデフォルメされている。こちらは特攻隊員の像のイラストと桜、戦闘機のパーツが閉じ込められた知覧のキーホルダー。

30｜平和会館の周辺は特攻平和公園となっているが、ここでは戦闘機がデフォルメされて描かれている。

31｜さらにはこんなものまで。知覧のネームタグがついたこちらは、完全に戦闘機を丸っこく、二頭身のように縮めてしまっている。そして、なんともいえない場所にラインストーン。もはやパッと見では戦闘機とは分からない！

29

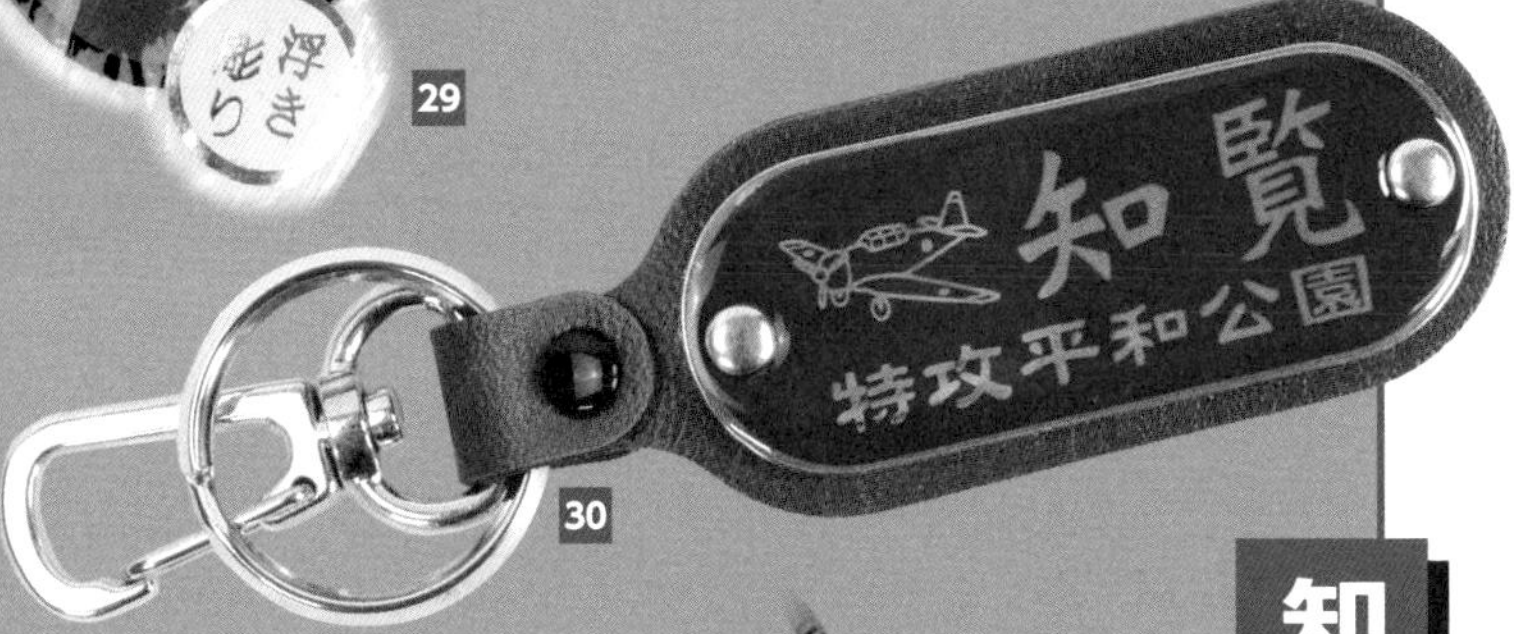

30

31

本当に紹介しきれないくらい大量にある原爆ドーム関連キーホルダー。そこからいくつかピックアップしただけでも、これだけ表現に幅があります。原爆ドームの被爆建造物という立ち位置と、それでも**子どもに興味を持ってもらい買ってもらわなければいけない**という営利目的の販売物であるという立ち位置。その2つのバランスから色んな表現が生まれているのです。

子どもに興味を持ってもらうためには、戦争のリアルさや残酷さよりも、親しみやすい印象や手触りが重要だったということがよく分かりますね。

今回のテーマでファみやげを見ていくと、どこでも売ることができるカップルやウサギのイラストと地名だけにせず、きちんとその土地の、戦争に関する要素を描いてきたということも分かりました。

次の世代へどのように戦争を伝えるかということは、当時も今も変わらず重要な課題であると改めて感じます。**表現に悩んでいるようでも、ファみやげに平和へのメッセージは強く含まれていました。**これらが令和の今、再び人の目に触れることで、平和な未来に繋がってくれたらと思います。

⬅有名な神風特攻隊に由来する「神風」や「特攻」というワードは暴走族の世界でも使用されている。そのため、こういったヤンキーをモチーフにしたファみやげにも文字が使われることが多かった。

広島に行ってきたんじゃけんネ!!
HIROSHIMA
THE PEACE OF THE WORLD
HIROSHIMA
平和が一番!
HIROSHIMA
HAPPY
DREAMY GIRL
HIROSHIMA
HEIWA GA ICHIBAN DAYONE.!!
HIROSHIMA
PEACEFUL MOMENT
HIROSHIMA
原爆ドーム
広島城
ひろしまじゃけん!

Chapter 7

ツッパリ・ヤンキー文化と修学旅行

01 修学旅行とヤンキー

ファみやげのターゲット層は1980～1990年代の子どもたち。なかでも重要なのが修学旅行であることは何度も伝えてきました。当時中学生ともなればツッパリ、ヤンキーなど不良学生になったクラスメイトもいて、一緒に修学旅行に行くこともあるでしょう。

彼らは体育祭や学園祭などの学校行事をエスケープしそうなものですが、正義感が強く、情に厚いので、クラス対抗などで仲間のために力を発揮したりします。特に修学旅行は他校の生徒や現地の学生とのトラブルが発生することもあり、**同じ学校の仲間を守る意味でも参加する**ケースが多かったと感じています（※個人の感想です）。

筆者は埼玉県加須市という、町を歩けば**「加須連合参上！」**と暴走族のチーム名がスプレーで描かれている不良の多いエリアで中高生時代を過ごしたこともあり、経験から普段学校に来ないヤンキーも修学旅行には参加するというのを肌で感じていました（※チーマー世代ですが、埼玉県でも東京から遠く離れているのでヤンキー文化が根強かったのです）。

しかし、ヤンキーが修学旅行に来るというイメージは他にもあります。それは、土産店にヤンキー向け商品が多いこと。特に**修学旅行の目的地になりやすい観光地ほどヤンキー向け商品が多い**のです。もちろんヤンキー向けの商品を買うのは、本物のヤンキーだけでなく、ヤンキーに憧れる学生も含まれます。とにかく、数が多く存在する観光地のヤンキー向け商品。こちらを本章ではご紹介します。

02 土産店で売られるヤンキーアイテム

土産店で売られるヤンキー的なアイテムといえば、まず**木刀が定番**でしょう。ヤンキーを題材とした漫画やドラマ、映画などでもケンカの武器として登場します。

特にその地域の木を使っているという訳でもなく、その観光地と何のゆかりもない商品です。

京都など歴史に関係する観光地であれば、いくらか関係がありそうな感じがしますが、日本全国広範囲で売られています。概ね1500円ほどで売られていて、別段安い商品でもありませんが、多めにお小遣いを持って行ける修学旅行なら、余裕で買えてしまいます。**「せっかくだから地域限定の商品を買おう」といったマインドは持ち合わせていない**のです。

しかし現在、木刀は問題視されているためか、教師の許可を得ないと買えない商品になっているようで、買おうとする生徒がいると「先生の許可もらっていますか?」と店員さんが確認するようになってきています。

観光地にあるヤンキーアイテムは、その土地にゆかりのない木刀だけではありません。**地元のショップで買えそうなもの**まで売られています。

かつては地域に1店舗は存在した、**改造学生服**を扱うお店。いわゆる普通の学生服(標準学生服)を、上着の丈を長くした長ランや丈を短

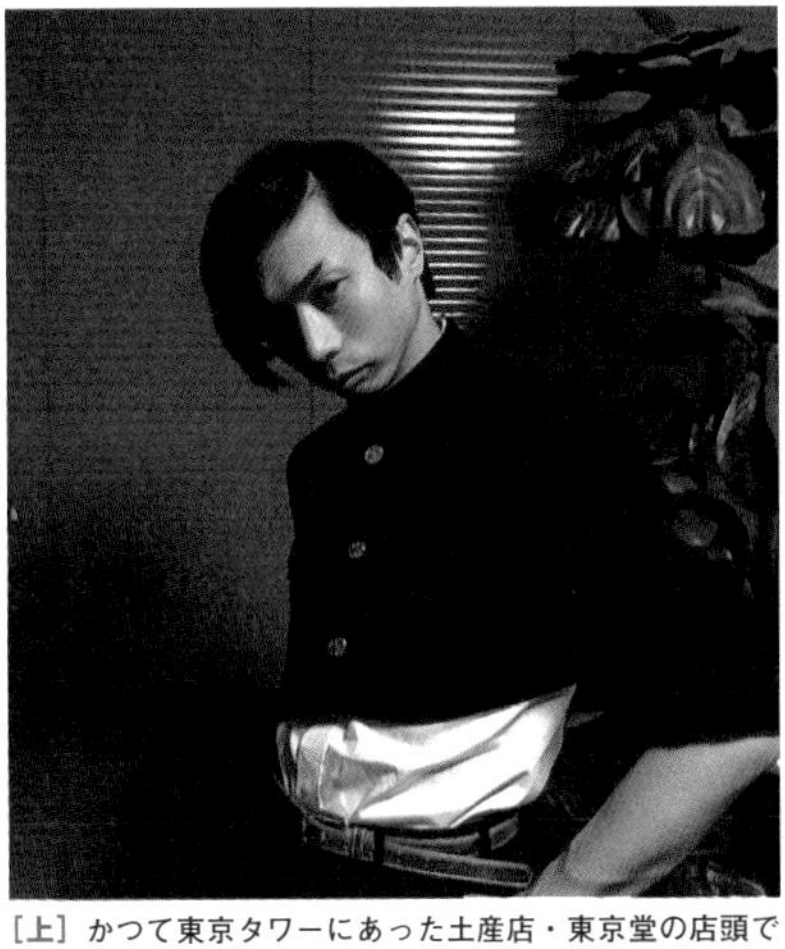

[上] かつて東京タワーにあった土産店・東京堂の店頭で売られていた木刀(写真中央)。
[下] 見たことのない人のための参考資料として、改造学生服(短ラン)とは、こんな感じのもの。

くした短ラン、さまざまなシルエットのスラックスなど、既製品からオーダーメイドまで扱うお店です。

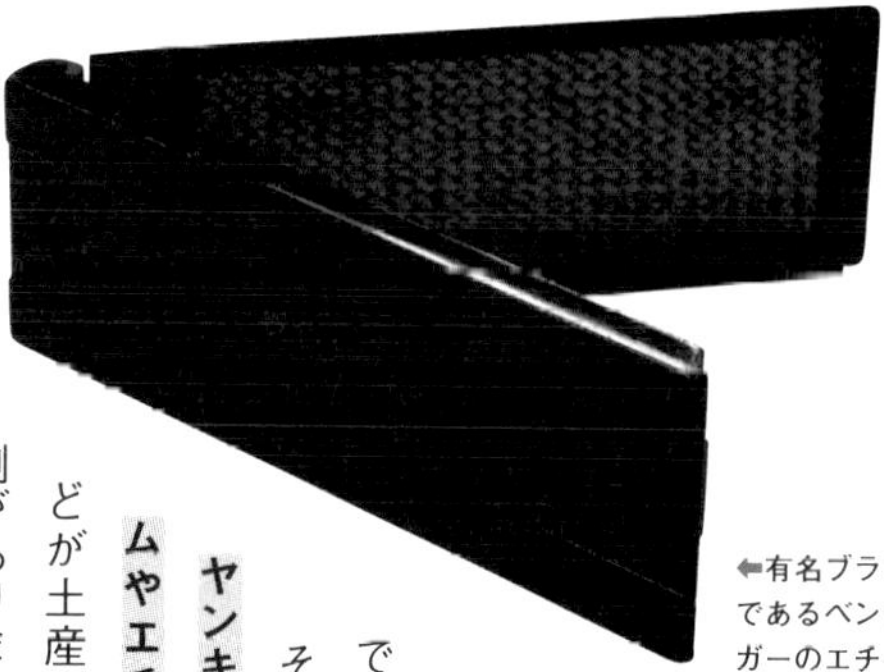

⬅有名ブランドであるベンクーガーのエチケットブラシ。

そこで売られている**ヤンキーブランドのコームやエチケットブラシ**などが土産店で売られている例がありました。地元のショップでも買えるのですが、お小遣いによって懐に余裕のある修学旅行の旅先で、つい買ってしまうのです。

木刀と同様に「せっかくだから地域限定の商品を買おう」といったマインドは持ち合わせていません。その中でも特徴的なのが改造裏ボタンです。

ショップで売られている**改造裏ボタン**には、当然使い方の説明などありません。「そういうお店」に来ている時点で、それが制服を改造するものであることは承知しているわけだし、必要ならばお店の方が説明してくれます。

それに対し土産店では、急に改造裏ボタンだけが置いてあっても、それが何であるのかが伝わりにくく、また使用方法も分かりません。そんなわけで**丁寧な説明つき**で売られています。これは観光地で売られる改造裏ボタンの特徴です。

これを買うのはヤンキーというよりも、**修学旅行で気が大きくなったヤンキー未満の生徒が、ちょっと背伸びする意味で改造裏ボタンに手を染めてしまう……**というものでしょう。なにせ、地元のショップにはヤンキーが出入りするわけで、シャバ僧※では店に近づくことすら困難といったケースも聞いたことがあります。

※シャバ僧とはヤンキー用語で「シャバい小僧」の略。俗っぽい、不良でない一般人のこと。

❶

❷

⬆❶が標準の裏ボタン。制服の金ボタンの裏側に付けるストッパーのようなもの。❷が改造裏ボタンで、制服の内側でこっそり華美なものやメッセージのあるものを装備できる代物。服装検査でバレる可能性こそあれ、分かりやすい改造学生服だと攻撃対象になってしまうこともあるため、ヤンキーに憧れる程度の学生にとって改造裏ボタンは丁度いいアイテムだった。

⬆➡観光地の土産店で売られていた裏ボタン、表面に大きなドラゴンのイラスト。裏面には丁寧に説明が書かれている。

⬇➡アメリカン50sなミラーとエチケットブラシがついたコーム。英字新聞柄になっている。

ヤンキー絵みやげ

■ヤンキーといえばミキハウスのトレーナーやミニーちゃんのＴシャツなど、ファンシーでカワイイものを身に着けます。そのため、普通のファみやげももちろん購入するわけですが、その中でも特にヤンキーを意識したアイテムが多数見つかります。ここからは、そんなファみやげを紹介します。

1

2

3

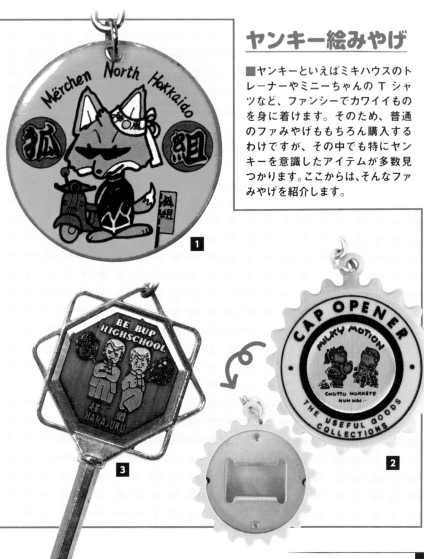

1 | ファみやげの定番である北海道のキタキツネも三角形のサングラスに神風のハチマキ、学生服を着たヤンキー仕様のものが存在している。
2 | ちょっと乗っけてくんない？ バイク乗りに声をかける栓抜きキーホルダー。
3 | 東京都・原宿。ヤンキー漫画『ビーバップハイスクール』風のカギ型キーホルダー。ヤンキー漫画を意識した商品は非常に多かった。
4 | 「なめんなよ」で80年代に流行した、ツッパリ猫のキャラクター「なめ猫」のドアプレート。部屋のドアに付けて、今どういう状態かを示すもの。おそらく正規品にあらず。
5 | 改造車の定番である吊り革のミニチュアに、ヤンキー的な三角形のサングラスのブタ。
6 | 制服の中に赤いシャツを着て髪を染めた不良学生のキーホルダー。

4

6

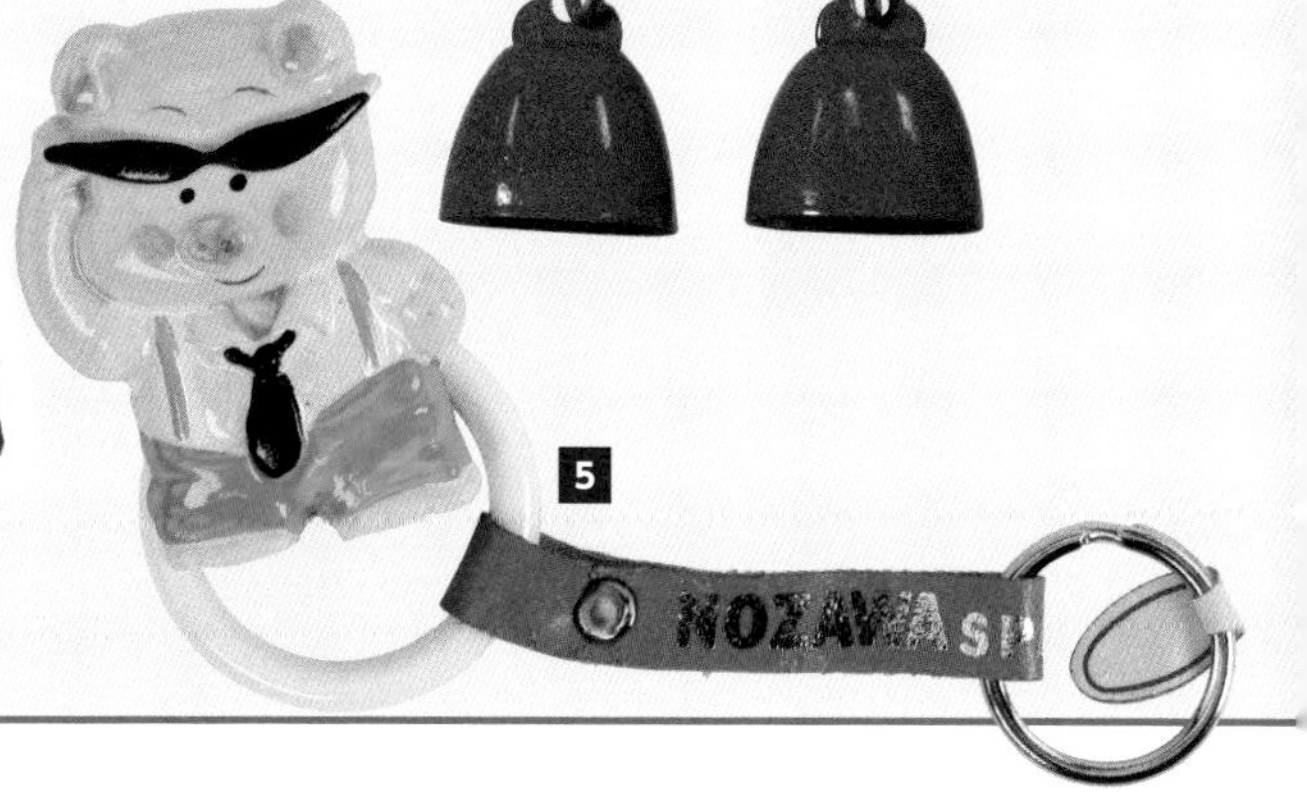

5

Racing the engine.
all of things begin to run out back.
RUN LIKE THE WIND!
北海道爆走族

7

I'm simply wild
about you
INTERIOR
HOLDER
BAKUSOZOKU
HARAJUKU
HARAJUKU
BAKUSOZOKU
原宿爆走族
ROUTE NO. 246

8

TEAM
原宿爆走族
HARAJUKU BAKUSOZOKU
ROCK'N-ROLL
HERE TO STAY

7 | ヤンキー漫画『湘南爆走族』を意識していると思われる「北海道爆走族」キーホルダー。
8 | こちらは『湘南爆走族』ならぬ「原宿爆走族」。「湘爆」のように省略するのがためらわれる。
9 | 和歌山県・南紀州。何かを思わせる「WARU 爆」キーホルダー。
10 | 神奈川県・湘南の「WARU 爆」のコーム付きコンパクトミラー。

9

10

いろいろな旭日旗モチーフ

11

12

11｜暴走族のフラッグなどで多用される旭日旗柄のキーホルダー。同じく定番の「神風」の文字とヤンキー3人が描かれている。あとからプリントされている地名「NARA」も修学旅行の定番。

12｜こちらは福島県・会津若松の白虎隊ミラー。こちらはヤンキーのイラストではないものの、旭日旗の模様が背景に描かれている。

13｜特攻キーホルダー。ウンコ座りする不良学生。マスクに三角グラサンにリーゼント。

14｜特攻キーホルダー。11の特攻服バージョン。こちらは旭日旗が黒地にパープル。

特

13

特
攻
HANPANA YATSUWA KIEUSENA!!
ORETACHA BARIBARI SANNINGUMI
KYOMO POWER ZENKAI BUCCHIGIRI

14

15

15 | 特攻レディス「のれん」。「爆音と共にやってくる土曜の夜の天使たち」「硬派！女 一世一代 咲かせてみせます恋の花!!」など、特攻服に刺繍されがちなヤンキーポエムがローマ字で書かれている。
16 | 「神風」の文字と共に「奈良」もしっかり筆文字でデザイン。2人の学ランを着た不良とともにローマ字で「ハンパな奴らはお呼びじゃない。俺たちのハートはギンギンに燃えてるぜ！そこんとこ夜露紫紅（ヨロシク）」。
17 | 福岡県・博多。「爆走貴族 魔暴露死!!（まぼろし？）」の「のれん」。黒地の旭日旗模様。「オレ!! オレのタコヤキ！…」「ねぼけてんじゃアねェ〜よ！」というやりとり。タコヤキは、ダンプ松本がCMに出ていたタコヤキラーメン的なイメージだろうか……。
18 | こちらは新潟県佐渡島のOKESA CLUBフラッグ。鬼太鼓、おけさ、たらい船と佐渡の郷土芸能のすべてが描かれている。日本の郷土芸能にそぐわない感じもするが、この英字新聞もまたヤンキーアイテムのデザインに非常に多く見られる。

奈良
神風
HANPANA YATSURA WA OYOBIJANAI,
ORETACHI NO HEART WA GINGIN NI
MOETERUZE! SOKONTOKO YOROSHIKU.

16

18

OKESA CLUB
佐渡
SADOE SADOE TO KUSAKIMO NABIKUYO
SADOWA IYOIKA SUMIYOIKA

17

HAKATA
爆走貴族

特
攻
HANPANAYATSU WA KIEUSENA!!
WASHIWA BARIBARI TOKKOU DA
KYOMO POWER ZENKAI BUCCHIGIRI

神
風
SUTTOBOKETA TSURA SHITE KONO
ATARI UROTSUKUNJA NĒYO SHONBEN
CHIBIRAN UCHINI USERO KONO TAKO.

日光

無
敵
KITCHIRI
KATA
TSUKEYOZE
KINTAIKYO

19	20
21	22

19｜旭日旗を反転させたデザインのフラッグ。ローマ字で「半端な奴は消え失せな!!　ワシはバリバリ特攻だ　今日もパワー全開 仏恥義理（ブッチギリ）」。しかし真ん中のイラスト、どんなファッションなのかイマイチ判然としない。

20｜こちらも同じく旭日旗の反転で、神風の文字。そしてイラストはファみやげらしい仕上がり。暴走命のハチマキ、背中に神風の特攻服。そしてローマ字で「すっとぼけたツラしてこの辺りうろつくんじゃねーよ。ションベンちびらんうちに失せろこのタコ」とイキりちらしている。

21｜日光の眠り猫をイメージしてか、招き猫の旭日旗フラッグ。

22｜無敵フラッグ。旭日旗の柄が反転していない。「KITCHIRI」という正しすぎるヘボン式ローマ字。

なぜか土産店で売られていた ヤンキーインテリア

23｜なんと憧れの輸入ビール「バドワイザー」さえも和風な「のれん」に。ヤンキーが部屋で使うには、やはり「のれん」がちょうどよかったのだろう。これもまた観光地の土産店で売られていた。

24｜もはやアメリカ合衆国の国旗というパターンのお土産も。こちらも観光地の土産店で売られていたもの。「神風」「特攻」と言いつつ、18の英字新聞と同じようにヤンキーカルチャーにはアメリカンな要素も多く、部屋に星条旗を飾ることもあった。

25｜「AMERICAN HERO」の「のれん」。ヤンキーの憧れ、ジェームズ・ディーン。ここまでアメリカンなモチーフも、非常に日本的な「のれん」というフォーマットに落とし込んでしまうのが当時のお土産である。こちらも観光地の土産店で売られていた。

26｜少年ジャンプの漫画『ろくでなしBLUES』感の強い「OUT-SIDER」のれん。ちなみに「Black Board Jungle」は映画『暴力教室』（1955年、アメリカ）の原題。

23

24

26

25

おれのバイクだ!
ざあけんなよ

神様HELP!

Chapter 8

01 観光地と祈願

ファみやげを保護するために全国を調査していると、どんな観光地に多く売られているかがだんだん見えてきます。併設された売店が1つあるだけの観光施設よりも、外湯のある温泉街。湯上りにそぞろ歩きをする観光客が店に立ち寄るため、射的場や土産店が軒を連ねます。土産店が多く並ぶ観光地では、土産品もまた、多く作られるのです。

店が多いということは、メーカーが商品を卸すクライアントが多いということ。つまり売れる数が増えます。多くの商品には必ず初期費用がかかるので、数を多く作らないと採算が取れません。そのため、店が多くて数がさばける観光地ほど、様々な土産品が作られるわけです。

ファみやげ保護活動のために日本中の観光地を調査してきた筆者が、個人的に土産店の数が多いと感じる場所は2つ。

ひとつは北海道・阿寒湖の湖畔にある阿寒湖温泉です。先に挙げた通り温泉街ですね。そしてもうひとつが**香川県・琴平の金刀比羅宮の参道**。長い石段で有名ですが、その石段の両側に土産店が数多く並んでいます。寺社仏閣の門前や参道というのもまた土産店が多い場所なのです。

宗教施設である寺社仏閣には、何かを祈願するといった性質があり、祈祷などの儀式だけでなくご利益を持ち帰ったりもします。社務所で売っているお守りやお札、破魔矢などと同様に、参道でもそういった要素を持った土産品が多数売られてきました。ファみやげにも何かをお願いする、神頼みするような商品は多く、特に寺社仏閣の名入れで売られていたり、お守りや絵馬などを模したものがあったりします。

そもそも「お土産」の語源のひとつであるとされる「宮笥《みやけ》」こそが神社で配布されるご利益あるもの。お伊勢参りが人生の一大イベントだった時代、近所の人から餞別をもらって伊勢神宮へ行き、そのお金でお札などを買って帰ってきて、**ご利益をシェア**したのがはじまりであるという説があります。

そして1980年代、雑誌「My Birthday」創刊からの流れで占いや**「おまじない」ブーム**

が起こり、それらが観光地の子ども向けのお土産品に多大な影響を与えました。おみくじ、ルーレットなどの占い、相性占いといった商品が多く作られたのです。そして、絵馬の形をした「何かを祈願するもの」も、家内安全や交通安全、大願成就や安産祈願など定番のものに限らず、より**プライベートなお願いへと変化**していきました。実際にモノを見ていただければ分かりますが、持っているだけで叶うような「おまじない」に近い手軽さがあるのです。

⬆スキーブームの頃、スキー場は出会いの場であり、土産店もたくさん並んでいた。このようにゲレンデでの縁結びを神様に願う絵馬型キーホルダーも。こちらは長野県白馬村。

➡縁結の神様に「ミルク色のすてきな恋が実りますように」と願う長野県・志賀高原の絵馬型キーホルダー。出会いの場であったゲレンデの白さを、ミルク色と表現。

1

恋愛のことで頭がいっぱい

1｜「どうか神様わたしのこのちっちゃな愛をあの人に伝えて……」。普通のお願いだが、伝えるだけでええんか⁉ 伝えるくらい勇気を出して、手紙でも渡したらいいのでは……？ せっかく神様を使うなら、いっそ「恋人にしてください」でいいような。

2｜「混浴の神様　どうか神様、かっくいいあの人といっしょにおふろに入れますように‼」。「かっくいい」の響きに1980年代を感じる。そもそも「混浴の神様」なんでいるのだろうか……。かなりニッチな神様である。

3｜「恋人志願　どうか神様、彼だけには私が美人に見えます様に」。いやいや、彼だけに美人に見えれば良い⁉ いっそみんなから美人に見えればいいのでは？　というか、「見える」じゃなくて実際に美人にしてもらったほうがいいのでは⁉　それどころか「恋人志願」なので「彼の恋人にしてください」でいいのでは⁉

混浴の神様
どうか神様
かっくいいあの人と
いっしょにおふろに
入れますように‼
UFUN

2

恋人志願
どうか神様
彼だけには私
美人に見えます様に

3

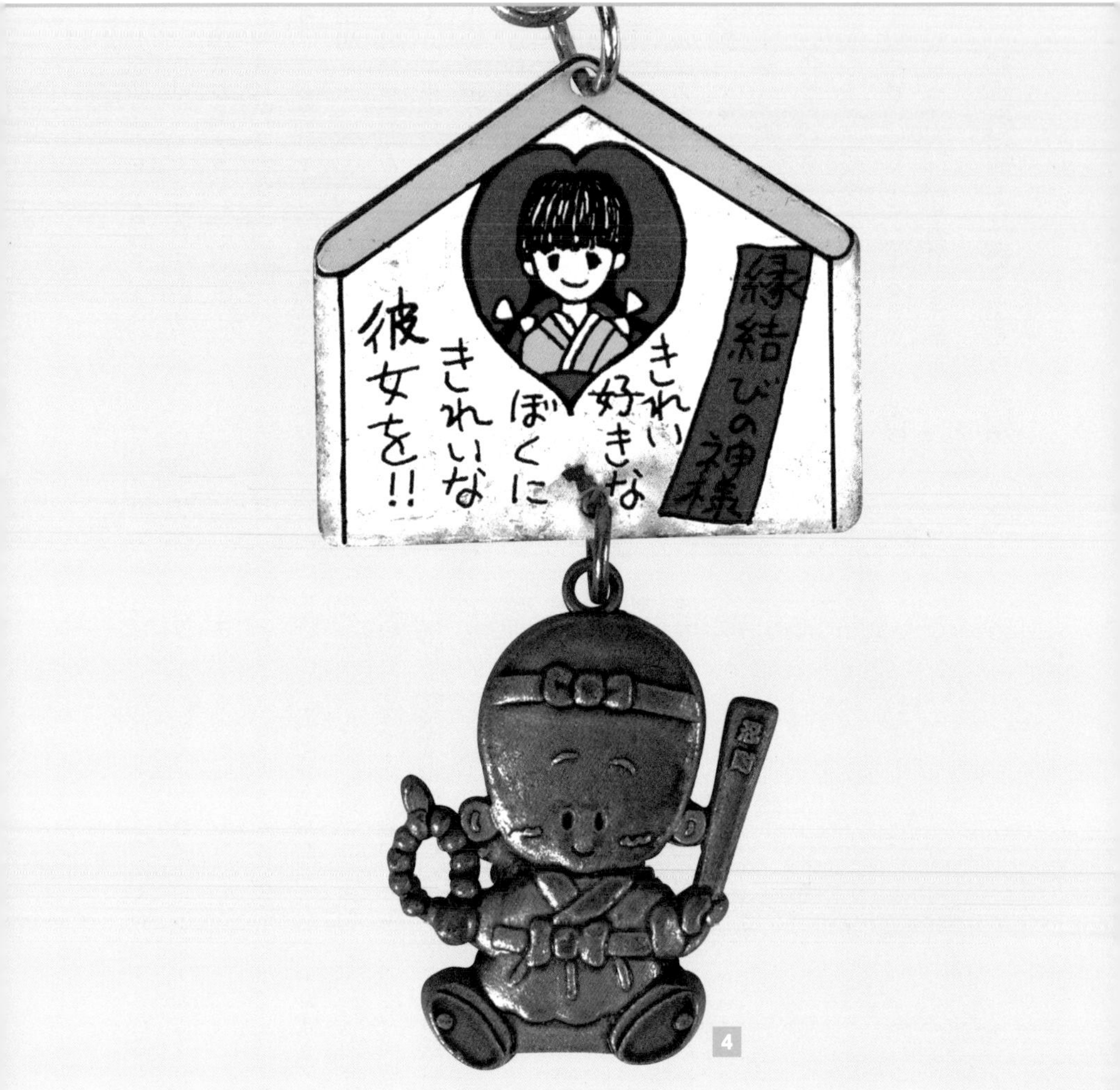

4

4 | 縁結びの神様に「きれい好きなぼくに、きれいな彼女を!!」と願う小坊主キャラクター。小坊主といえば、お寺の掃き掃除や境内の雑巾がけということで「きれい好き」という設定に……。
5 | なぜかマグカップ型の「乙女のおねがい事」。現状維持をお地蔵様に願っている。
6 | とうとう絵馬のお願い事シリーズが英語になってしまいました。鈴鹿サーキット。

乙女のおねがい事
おじぞーさま わがままで
いじっぱりの彼だけど
大好きなんです
ずっとこのままで
いさせてね
5

Love, Love, and More
Love That's what
I have for you.
FUNKY PIG©
6

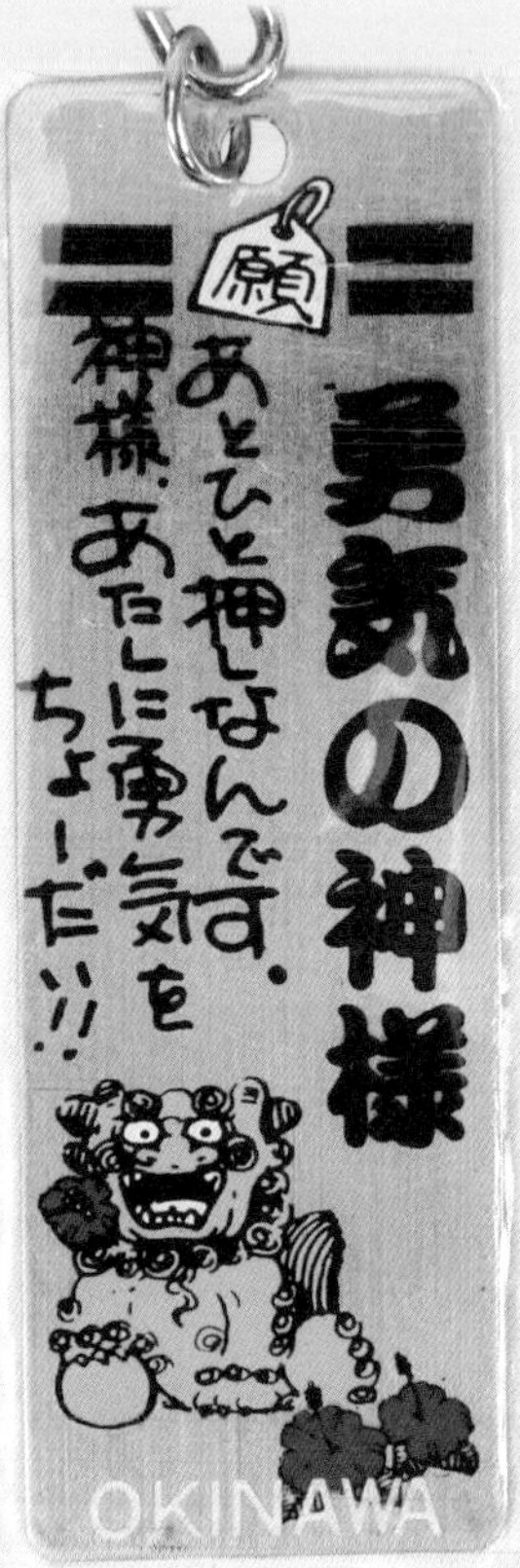
願
勇気の神様
あとひと押しなんです。
神様、あたしに勇気をちょーだい!!
OKINAWA

7

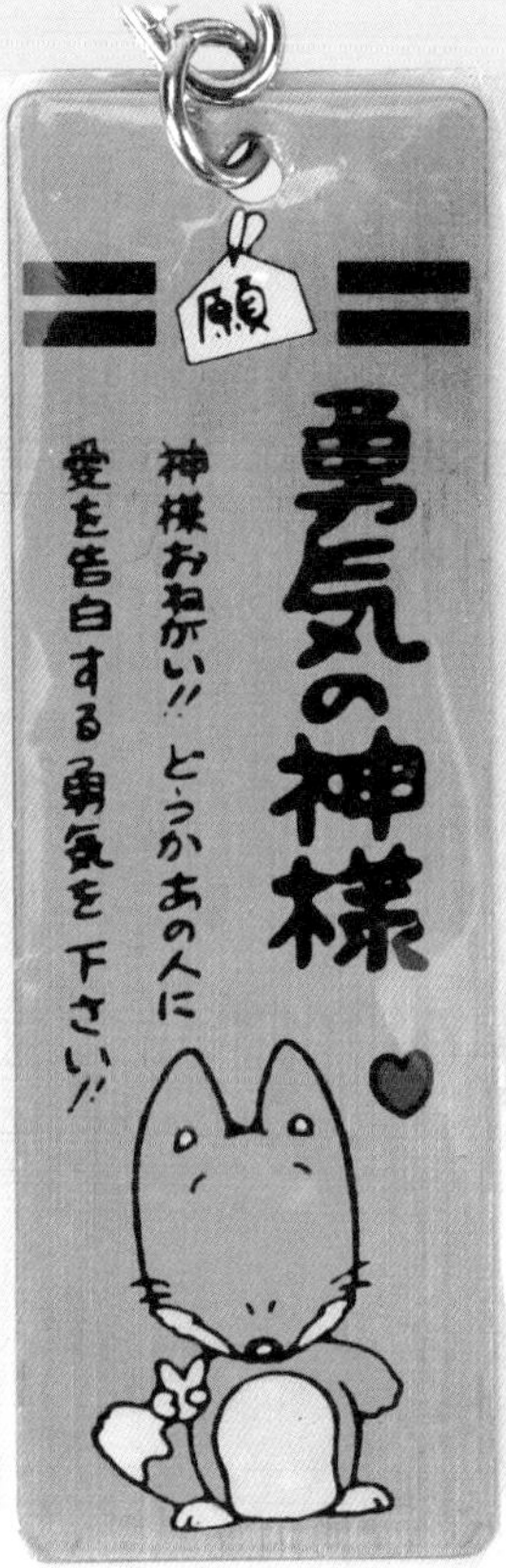
願
勇気の神様
神様おねがい!! どうかあの人に
愛を告白する勇気を下さい!!

8

9

Kuishinbo~
地蔵
交通安全
危険祈願
……おむすび
おいてけば
大丈夫
UNZEN
Kuishinbo~
地蔵
恋愛成就
……おまんじゅう
3コで引き
うけます
OITA

7｜「勇気の神様　あとひと押しなんです。神様あたしに勇気をちょーだい!!」。

8｜「勇気の神様　神様おねがい!!　どうかあの人に愛を告白する勇気を下さい!!」。相手が勇気の神様なので仕方ないが、愛の告白さえできればいいとは奥ゆかしい……。告白が成功するように恋愛の神様に頼めばいいようにも思うが……。

9｜食いしん坊地蔵が対価を求めてしまうシリーズ。雲仙と大分。

友情を育てる
お守り
友達とのきずなを深める
ため、白いトラ
絵馬プレゼント
しちゃおう！
のほうがいいかもよ
白いトラ

10

いつの時代も金が大切！

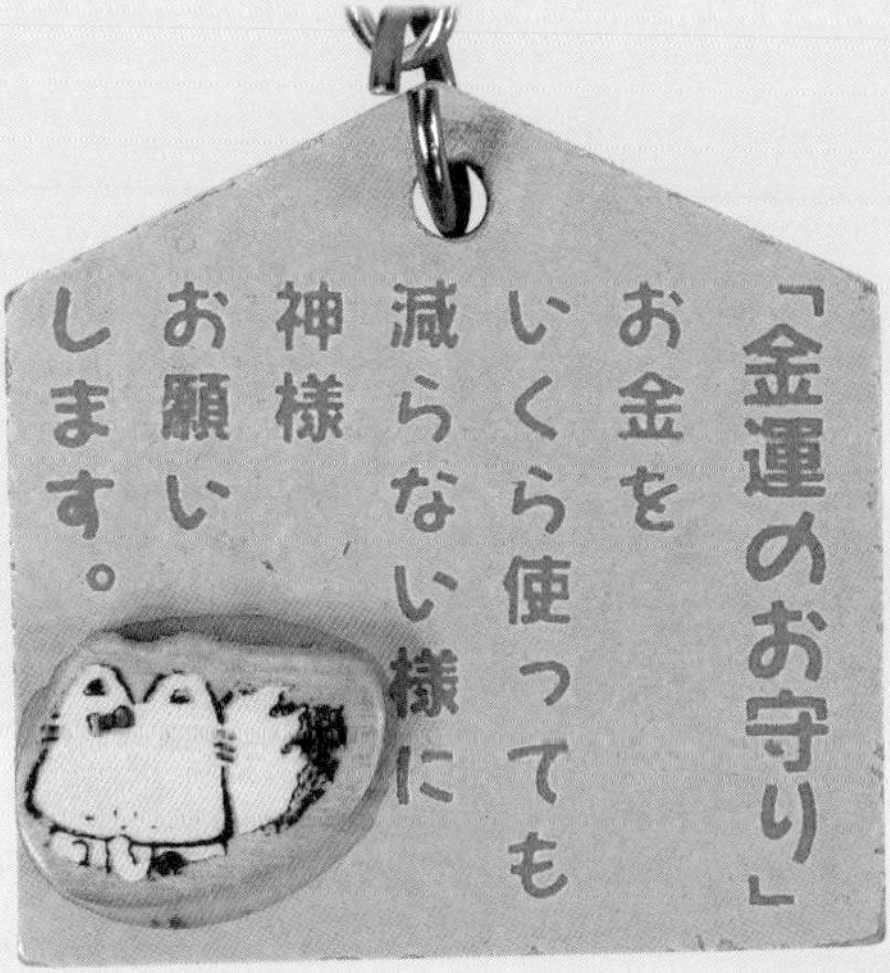

「金運のお守り」
お金をいくら使っても減らない様に神様お願いします。

11

王国憲法
第一条
第二条
食べ物は早い者勝ち
ムツゴロウ&バルス

11｜「金運のお守り」お金をいくら使っても減らない様に神様お願いします」。もはや金運といったレベルを超えて、無尽蔵にお金が使えるという、むしろ行き過ぎなお願いでは……？

交通安全も忘れずに祈願

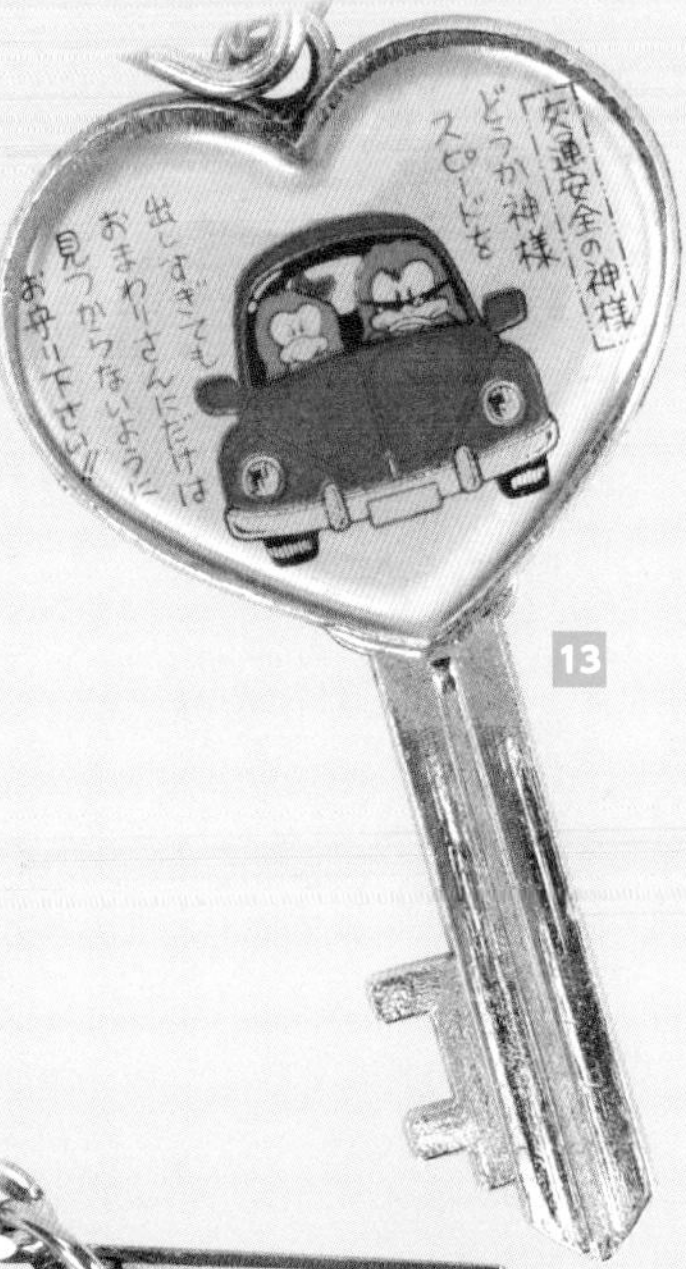

13

12

14

15

12 | 逮捕されなくてもスピードを出しすぎたら死んでしまう可能性が高い。事故らないことを願ったほうが良いのでは？

13 | 12と同じシリーズ。つかまらないように→見つからないように。見つかってもいけない。

14 | 河口湖の交通安全祈願キーホルダー。「どうか神様たとえいねむりをしてもおまわりさんにだけはつかまらぬようお守りください」。……いや、交通事故で死んだりすることは怖くないのか!?

15 | 「交通安全の神様　プロ級の私だけどまんがいちの時はよろしく！」。大体においてお願いは敬語なので珍しい。自動車がサングラスをしてる感じも面白い。

学業成就の
知らないことが
神様
たくさんあっても
かまいませんテストに
でる問題と
わたしの
ステキな
人のことだけ
は知らない
ことのない
ようにして下さい
お願いします
合格
太宰府

16

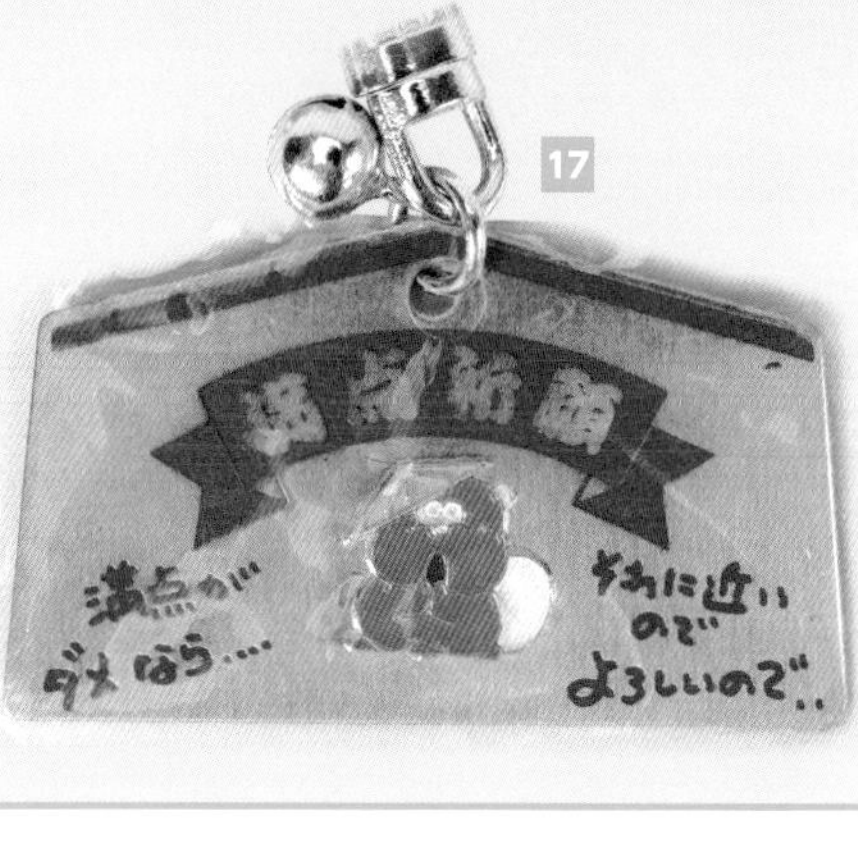
満点がダメなら….
それに近いのでよろしいので‥

17

16 |

17 |

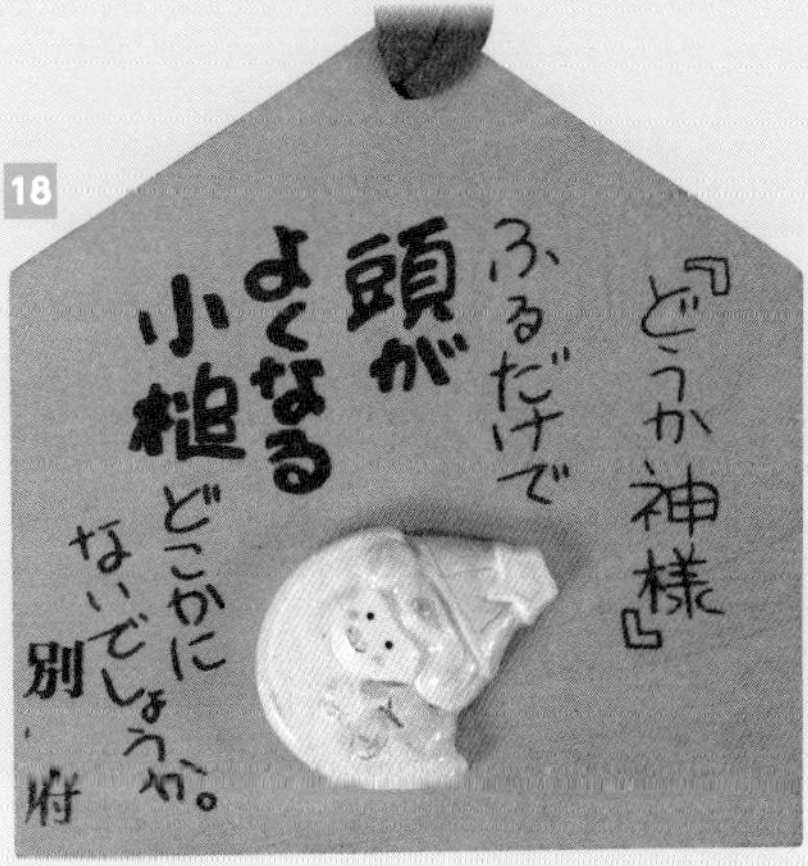

このように昭和末期から平成初期の若者たちは、謎の遠回りなお願いをしていたのですね。この奥ゆかしさはもしかしたら現代の我々が忘れてしまった大切なことなのかもしれません。なんでもダイレクトに要求せず、たまには回りくどいお願いをしてみましょう。近道ばかりせず、たまに遠回りしてみると意外な発見があるように、人生が変わるかもしれません。

18 | 「『どうか神様』ふるだけで頭がよくなる小槌　どこかにないでしょうか」。どこかにないでしょうか!?　「小槌をください」でいいでしょう。「ないですよ」って返事がきたり「どこどこにありますよ」とある場所を教えられるだけの可能性も……。単に最初から「頭をよくしてください」でいいのではないか……。

19 | いきなりの「お願い神たま」。神様に向かって神たま！「後輩のあの子と同級生になるのだけは許して下さい」。というか、神様に許可とる必要あるのか!?

お守り
水戸黄門
コン太の運だめし
一発勝負!!
豊川稲荷
NANKI SHIRAHAMA
©MASA des MODE
RYUSENDO
交通安全
家内安全
招福開運
御守
OITA BEPPU
お願い地蔵
NAMU NAMU
ZENKOJI
高野山
金運
お願い地蔵

Column 3 すべての始祖はキタキツネ

ファみやげ全盛期であった1980年代当時の私は、観光地へ行った際に目にしたり買ったりするくらいだったために、全体像を俯瞰することはありませんでした。今になって大量のファみやげを俯瞰してみていると、色々なことに気づきます。その一つに、キツネのキャラクターが多いこと。これは全国のファンシーショップに陳列されていたファンシーグッズとの差異として浮かび上がってきます。

サンリオやサンエックス、ユーカリにソニークリエイティブプロダクツ。これらの文具やオシャレアイテムにプリントされたファンシーキャラクターは、ファみやげと共通した二頭身で擬人化された動物が多いものの、そこにキツネはほとんどいません。ではなぜ、ファみやげにキツネが多いのでしょうか。

もうひとつ、俯瞰して気づいたことがあります。これまで大体レトロなキーホルダーといえば、爪をパチンと綴じるリングに蛇の玩具や鎖帷子のようなチェーンのイメージにありました。しかし、ファみやげキーホルダーにおいては螺旋が二重になったリングに、銅鐸のようなグルグル回せるチェーンというタイプがほとんどなのです。

そんな中で、異彩を放つリング・チェーン部分を持つ一群がありました。それらはすべて「North Fox in HOKKAIDO」と書かれた北海道のキタキツネのものだったのです。ファみやげイラストなのに、なぜか定番では

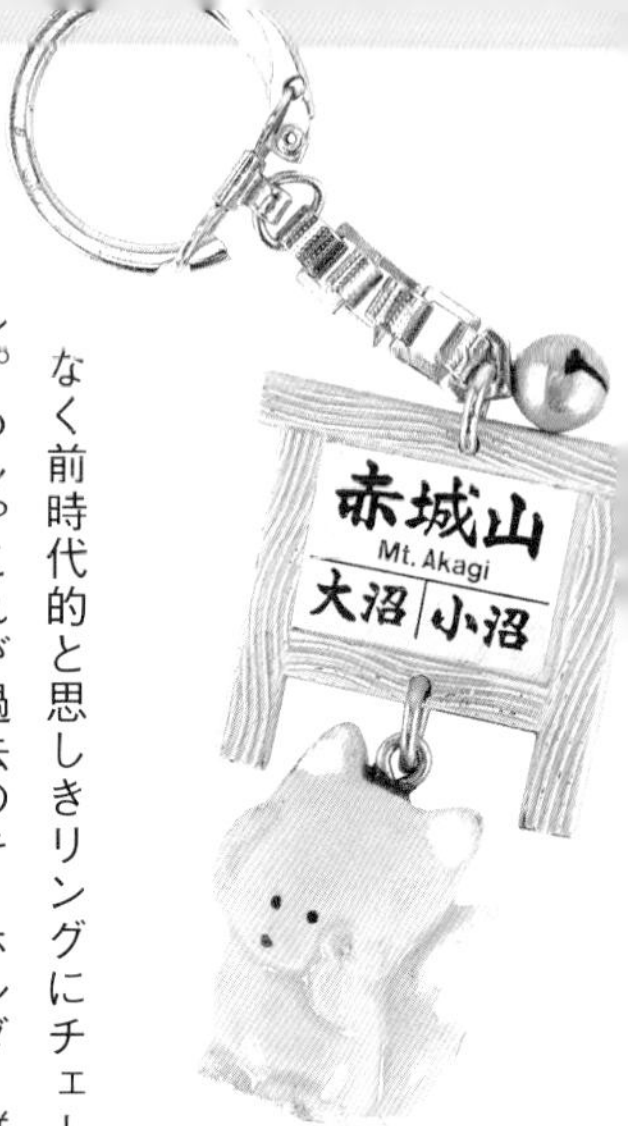

なく前時代的と思しきリングにチェーン。もしやこれが過去のキーホルダー群とファみやげ時代を繋ぐミッシングリンクなのではないかと考えました。

北海道の現地で調査をしたところ、まさにこの商品のヒットによって各社がキタキツネのキャラクター商品を作るようになったことが分かりました。映画『キタキツネ物語』のヒットによってキタキツネに注目された1979年あたりだったそうです。

さらにヒグマやエゾリス、乳牛など北海道固有の動物キャラへと広がっていったのでしょう。そして、生物相を隔てるブラキストン線たる津軽海峡以南にも広くホンドギツネが生息しているということで、キツネのキャラクターは全国に波及していったのです。

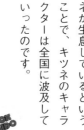

温泉で若い男女が混浴する世界

Chapter 9

01
ナウでヤングなアベックがペアルック

ファみやげのターゲットは、女子のようで実際は男子。絵柄はファンシーショップで売られている文具のキャラクターのようで、内容は男子が好みそうな下ネタが結構あるのです。修学旅行で、木刀を買ってしまう者が多いように、男子はやたらと「モノ」を買ってしまいます。ともすれば不要な「モノ」でも買ってしまいます。筆者の学生時代を思い返すと、女子は美味しいお抹茶を飲む、有名なスイーツを食べるなど「体験」にお金を払っていました。男子は食品のお土産にすらあまり興味がなく、後に残る「モノ」を買いがちな印象があります。

とはいえファみやげは可愛い商品群なので、女子にも買って欲しいところ。男子も女子もターゲットにし、さらにカップルがデートで訪れた際に記念に「ペアルック」として買えるように、男女が描かれた商品が多いのです［図1］。

たとえば前述のように、その観光地にまつわる有名な人物がいない場合でも、とりあえず分かりやすいランドマークとともに「誰でもないカップル」を描きます。

リアルタッチの風景や建築物だけを描いた商品は、狭義のファみやげに含みません。なぜなら、子ども向けの商品ではかなりの少数派だからです。しかも風景や建築物は、可愛いフォルムに変化させることが難しかったり、可愛くするとアイデンティティを喪失させることになったりもします。**ファみやげでは、風景や建築物**

［図1］長野県白馬村・栂池高原のキーホルダー。ペアルックの若いアベックが描かれている。

だけが有名な観光地でも、リアルに描いた背景の前に人物を立たせます［図2・3］。それは**幼い雰囲気に誇張・簡略化した、漫画タッチの人物**でなくてはなりません。テレビアニメや児童漫画で慣れ親しんでいる絵柄、そして幼い雰囲気ゆえに感情移入もしやすくなるからです。動物や植物を擬人化して描くのも同じ理由でしょう。そういった中でも**「誰でもないカップル」**が多いのです。

02 混浴温泉が全国にある問題

観光地として定番の温泉地というのも、特別な要素がなければそれほど大きな違いはありません。ですが、野趣あふれる湯舟だけを描くわけにもいかないので、そこには入浴する人物が必要となります。城崎温泉では志賀直哉、熱海では金色夜叉、箱根では金太郎、伊豆では踊子、地獄谷や別府ではニホンザルなど特定の有名キャラクターがいる場合は良いのですが、そう

［図3］東京タワーのファみやげ。タワーを描いて、あとは訪れているカップルを描く。

［図2］長崎のキーホルダー。大浦天主堂など教会が有名なので、教会の前で「誰でもない挙式するカップル」を描いている。

でない場合。**「誰でもないカップル」**の出番なのです。

しかし、キーホルダーのように面積が小さいものの場合、男湯と女湯を分けて描くことは難しく、さらにカップルの感じを出すには同じ湯舟に浸からせざるを得ません［図4］。つまり露天の家族風呂っぽい小さい湯舟での混浴となりがちなのです。これは**「どうしてもカップルを描きたい」という目的が先にあっての混浴**でしょう。

このように混浴のイラストは定番で、逆に**混浴でないイラストを探すのが難しい**ほど。これは、かつて日本で当たり前だった混浴文化がどうこうといったものではなく、カップルを描く必要があったという分かりやすい例なのです。

［図4］HANAMAKI……岩手県花巻温泉のキーホルダー。同じ絵柄は他の温泉地でも使われている。

⬆鳥取県・皆生温泉のキーホルダー。クマ牧場のある登別温泉や洞爺湖温泉など、クマにまつわる温泉向けのイラストが流用されている。クマ以外の動物も含めた混浴のイラスト。

⬅愛媛県松山市・道後温泉のカギ型キーホルダー。男女が混浴しているイラストになっているが、ほぼ顔だけしか見えず、その顔もほとんど同じ描かれ方。それでも微妙な差異で男女を描き分けているのが職人技。

偉人さんカップル

■観光地に歴史的な偉人などが存在する場合は、その有名人を幼く誇張・抽象化して描きます。しかし、前時代的な偉人となると男性が多数派で、女性は少数派。そこで、隣に女性を描くことで「カップル」としていました。

1

2

1 | 高知県のキーホルダー。坂本龍馬と楢崎龍（おりょう）。このように実際に夫婦であるカップルを描いているものが基本。他には宮城県仙台市の伊達政宗と愛姫など。このキーホルダー自体も「ラブチェッカー」という体温などで相性占いができるものになっている。

2 | 「義理で買いました」と宣言している自虐めいた商品。内容が見えず安価で、在庫処分品が多い。

5

MOMOCHAN TE
TSUYO—I!
NIPPON
ICHI!
日本一
INUYAMA

YOKA
YOKA
焼酎
KAGOSHIMA

3

4

しょうちゅう
仲よし
四人組
KAGOSHIMA
SYOCHUKUNTO DAIKONCHAN WA OTOMODACHI

3 | 鹿児島県のキーホルダー。西郷隆盛のお相手は桜島大根を抱えた薩摩おごじょ。「鹿児島の女性」といったところで、特に誰でもないが、西郷どんのお相手となっている。もしかしたら、西郷隆盛が生涯で３人の妻を娶っていることから、まとめて「薩摩おごじょ」としてしまったのかもしれない……。

4 | 鹿児島のキーホルダー。焼酎君と大根ちゃんはお友達。というわけで、その２人も入れて仲良し４人組となってしまっている。

5 | 愛知県犬山城。桃太郎伝説があり、近くに桃太郎神社もある。お城のお姫様と桃太郎をカップルとしているが、昔話の架空の人物である桃太郎と、誰でもないお姫様の組み合わせ。

6 | 秋田県のキーホルダー。有名人というより伝統的な風習であるナマハゲ。こちらは子どものナマハゲのカップルとなっている。しかもケンカしちゃって、仲直りしたいという具体的なシチュエーション。このように性別不明な存在を便宜上男性と女性にするケースも。

6

03

坊っちゃん・マドンナ問題

温泉の話で紹介した熱海の貫一・お宮、伊豆の踊子と書生さんなど、小説の舞台になった観光地でも男女カップルものが見つかっています。しかし問題は、愛媛県松山市・道後温泉。ここは夏目漱石『坊っちゃん』の舞台であり、そのファみやげが数多く存在します［図5］。そして、そのほとんどが問題を抱えているのです。というのも、小説『坊っちゃん』において、マドンナは少ししか登場しません。セリフもありません。なんなら主人公・坊っちゃんは遠くからマドンナを見るだけ、逆にマドンナは坊っちゃんのことを認識すらしていません。坊っちゃんは、マドンナのことを〝うらなり〟から〝赤シャツ〟に乗り換える**「いけ好かない令嬢」**だと思ってるくらいなのです。

というわけで、現地の土産店で「これおかしくないですか⁇」と聞いてみたことがあります。するとこんな返答でした。

「おかしいけど、売れるからいいんじゃない？」

現地の土産店の方も寛大なので、問題ないのでしょうか……？

ちなみに地元の方でも『坊っちゃん』の内容をよく知らない人は多いようですね……。

［図5］小説ということで本の形のキーホルダー。しかし寄り添う坊っちゃんとマドンナ。「てれるぞなもし」……。何かがおかしい。

➡顔を寄せ合う坊っちゃんとマドンナ！　そしてハートマーク!!　いくらカップルが必須だからといって、これはおかしい。

➡本編にはほとんど出てこないマドンナは、セリフも心理描写もない。こんなヒロイン扱い自体がそもそもおかしいのだが……。

⬇こんな風に他のサブキャラまで描いてるものでも、カップル扱い……。物語を把握してるのだろうか……。そして「ベスト・コンディション・イン・松山」とは一体……？

⬆ここまでキャラクターを描いていて、なお２人がセットで描かれるのはおかしい。マドンナは“うらなり”の婚約者だったのに、策略で“赤シャツ”に乗り換える……という話である。

⬆“赤シャツ”を差し置いて、坊っちゃんとカップルになるマドンナ！ かつて千円札にも描かれた文豪・夏目漱石の小説の世界観が……。そして瀬戸大橋は香川県に架かっていて、隣の愛媛県でも松山はかなり離れているにもかかわらず、「SETO ŌHASHI」の文字と、周囲に橋のイラスト‼ それだけ本州と陸路で繋がったことが、四国全体の観光にとって大きな出来事だったのだろう。

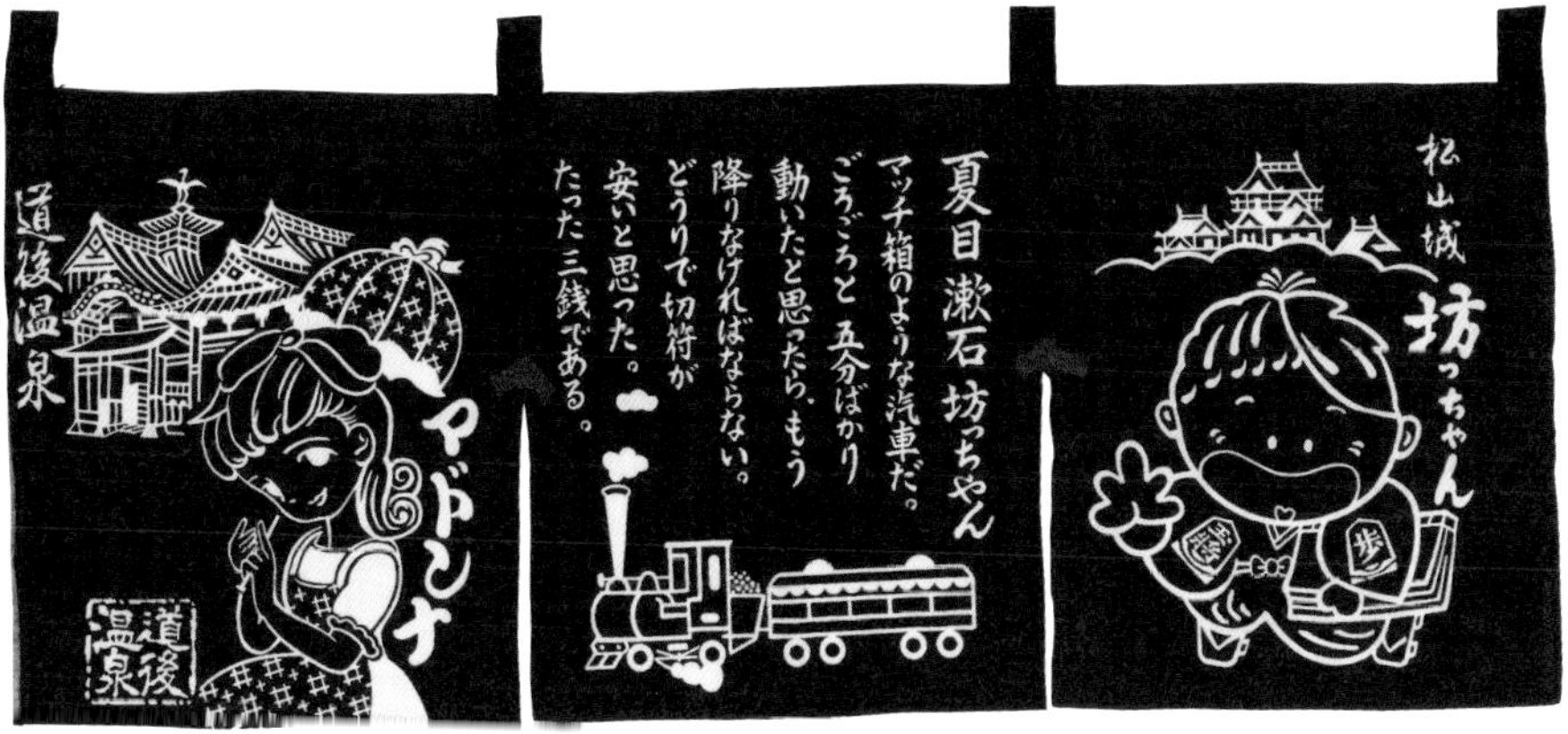

↑マドンナと坊っちゃんの絵のタッチが違い個性的な「のれん」。違和感はあるが、むしろ本来住む世界が違うのが正しい表現である。

こんな風に、小説の世界観を捻じ曲げてまでカップルが捏造されていました。ファみやげは、これほどまでにカップルにこだわっていたのです。たとえお持ちのファみやげにカップルが描かれていても簡単に信じてはいけません。政略結婚のように、**商業的な理由でくっつけられたビジネスカップルの可能性**があるのです。本当の恋人同士なのかどうか、よくお確かめください。

NO KUKUI
STORY
KOREGA本当NO
KARAOKE
KUSATSU

Chapter 10

不安視い〜する駄洒落みやげ

01 ヘタなシャレはやめなサイ

ダジャレというのは、地口などの洒落から派生した言葉遊びで、同音異義語などをひとつの文章の中で続けるようなものがスタンダードです。たとえば「アルミ缶の上にあるミカン」のようなもの。これは言葉をおぼえた小さい子どもでも理解しやすい面白さであるため、児童漫画などのギャグやオチなどでも頻出します。さらには児童向けの書籍で**「ダジャレ○○連発」**といった、ひたすらダジャレが掲載されている本まであります。近いジャンルである「なぞなぞ本」に掲載されるなぞなぞの構造もダジャレに近く、たとえば**「Q：台所にあるのに食べられないパンって?」「A：フライパン」**のように、同音異義語を使った問題が多くありました。

そんなダジャレは、子ども向けであるファみやげにおいても、単にイラストと文字だけでなく、さらに面白さを付加するということに一役買っているのです。

図25は、牧場などで売られていたと思われる「もう（何度でも言っちゃう）恋してる〜」のキーホルダー。牧場といえば肉牛や乳牛で、そのウシの鳴き声である「モー」と「もう」を引っかけた、非常によくあるネタです。

しかし、**「もう恋してる〜」**とはどんな状況なのでしょうか。「（ひと目見ただけなのに）もう恋してる」というような、ひと目ぼれのことなのでしょうか。このキーホルダーは、そんな意中の人に大胆にもお土産として渡す、メッセー

[図25]「もう何度でも言っちゃう恋してる〜」牛キーホルダー（地名なし）。

ジ的な役割をしていたのでしょう。
牛の鳴き声ダジャレはさすが定番だけあって、さらに**「失恋 MOO イヤ！」**というキーホルダーもあります［図26］。ウシさん失恋してしまったんですね。これは相手に渡すわけにもいかないので、失恋した時に自分で買うのでしょうか……。何度も告白して毎回失恋している相手に贈るという重い展開も起きるかもしれませんね……。

ちなみに、このあとに先ほどの「もう恋してる」を繋げると「失恋MOOイヤ！」となって、槇原敬之さん的な「もう恋なんてしない」状態になったのに、すぐに「もう恋してる」になったという流れが生まれます。**「もう恋なんてしないなんて言わないよ絶対」状態ですね。**そう考えると、これらのキーホルダーの状況も理解できてきます。

［図26］「失恋MOOイヤ！」牛キーホルダー（地名なし）。

那須高原のファンシー茄子みやげ

■ファみやげは観光地で売られるものですから、その土地固有であることが重要です。牧場なら日本全国どこでもウシなので、できればその土地だけのダジャレのほうが良いということになります。さらに地名を使ったダジャレが望ましいということで、とにかく多いのが栃木県の那須高原。那須高原のダジャレとは一体？

1

【那須と茄子！】

1 | Yume Koro Koro Osanpo 夢コロコロお散歩。ローマ字で何を言いたいのかは謎。

2 | おニャン子クラブ、ねずみっ子クラブ的なものだろうか。ハチマキを巻いて走っているようですが、ファイターズなので戦士……。ファミコン「サラダの国のトマト姫」のキュウリ戦士や、「サラダ十勇士トマトマン」みたいなものなのか。ちなみにファみやげで「新選組ファイターズ」や「白虎隊ファイターズ」などの表記を見かけることは多い。

3 | ミニチュア下駄のパーツに那須高原と書き、下にナスのパーツをぶらり。りんどう湖ファミリー牧場から来ていると思われるファンシーなホルスタインも、下駄の右下に強引に貼り付けられている。

【なすっ子Fighters】

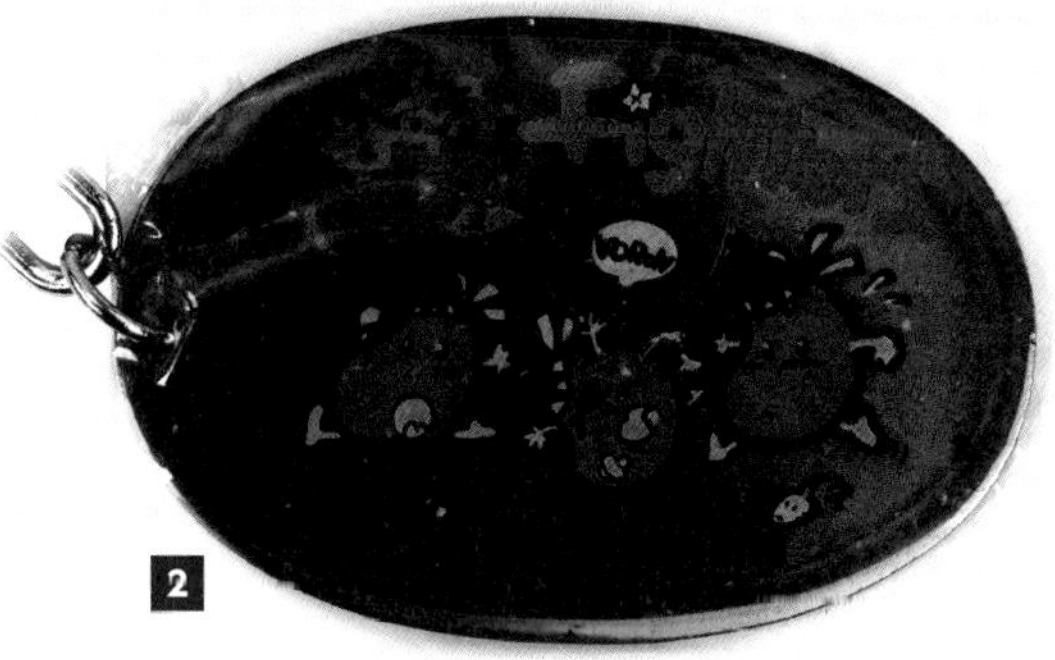

2

【ナスのパーツをぶら下げただけ!!】

3

【ナス科の地上絵MAP】

4

4 | テレホンカード。なんと那須高原のファンシーなイラスト地図がナスの中に!!
5 | 那須高原には「九尾の狐」伝説の殺生石があるため、キツネのイラストは非常に多い。これはキーホルダー自体がナスという意欲的な逸品。

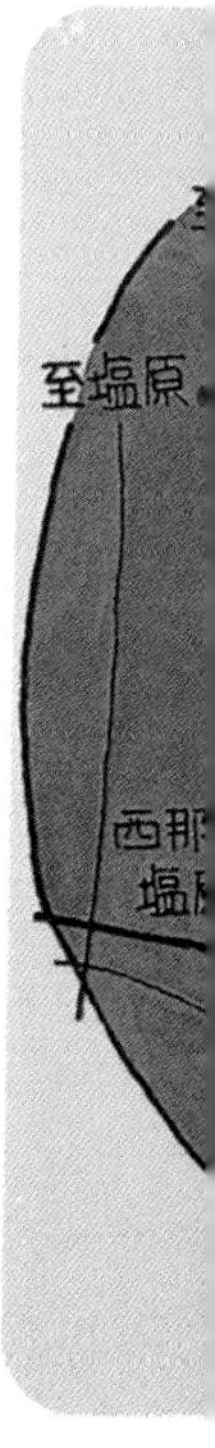

【キツネinナス】

5

ダジャレを言ってるのはダレデス？

■地名のダジャレは、他にも岐阜県の下呂温泉のものがあります。一体どんなダジャレなんでしょうか。当時とんねるずの石橋貴明さんが「ゲロゲロ」なんて言ってましたが、そういったニュアンスとも少し違います。鳴き声のゲロゲロから、カエルちゃんです。

6

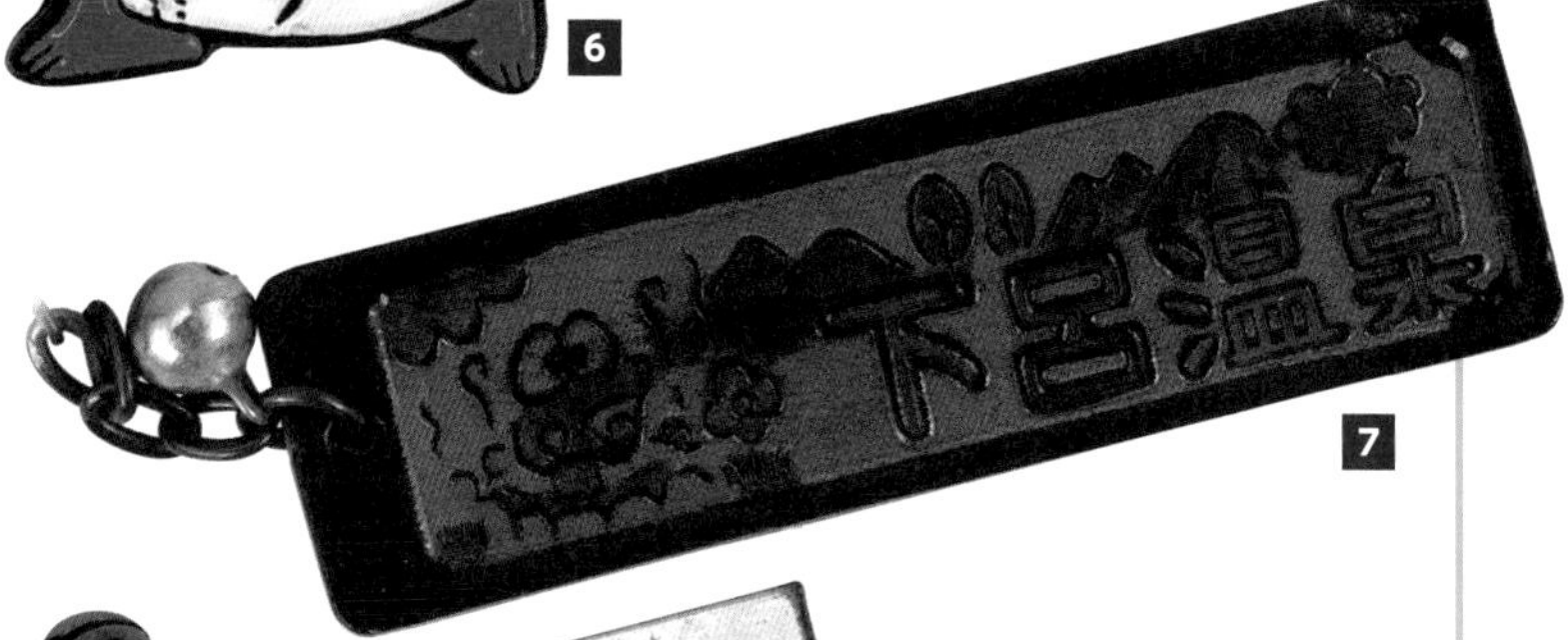

7

8

6｜下呂は温泉が有名なので、タオルを巻いて桶を持つカエルちゃん。

7｜こちらもカエルが入浴。

8｜洗い場のカエル。LOVE、で花を付けているカエルはおそらくメス。これもひとつの混浴のファみやげと言えるだろう。

【名古屋と、なごやか】

9

9 | ブラザーズ3人の名前を組み合わせると、なごや。

ダジャレ 30：30～ だじゃれカンケイ

■歴史的な建造物より、子どもは漫画タッチの人物が描かれているほうが好きですし、もっと言えばダジャレのほうが好き。名古屋城よりも人、人よりもダジャレが目立っています。しかもダジャレが3人の名前になっている二重構造。

【「愉快」と「ゆ海」、「めぐり逢い」と「めぐり愛」】

10

10 | ラッコでは、この他にも「いたずラッコ」と書かれた商品は多い。
11 | ありそうで案外珍しい。それはそうと、このキーホルダー、北海道の島の形を極限まで丸っこくしている!!
12 | 北海道固有種の熊であるヒグマを「火喰魔」に。ダジャレというか、ヤンキーポエム……だが、地名として書かれている昭和新山は、昭和期に有珠山の近くに噴火して隆起した火山で、昭和新山熊牧場があるため、漢字の意味もちゃんと合っている。

【定番の「北」から「きた」の。】

北から
きたの。
OYA OYA KITSUNEDA KONNATOKORONIANNA
TOKURONI DON DON KITAKITA KITAKITSUNE
HOKKAIDO
studio f&f ©

11

12

火喰魔
昭和新山
ICHIBANKAN

【ヤンキー的な当て字!?】

【３つのクマが
かかってる！】

13

【小樽運河でラッコが
「うんがいいぞ〜！」】

14

13 | 熊本でクマは、よくあるけれど、これは熊本県で、さらに球磨川（くまがわ）でクマ！

14 | 北海道小樽市といえば運河。「運が良い」とのダジャレを、当時おたる水族館に展示されていたラッコに言わせている。

15 | 「男はつらいよ」車寅次郎の口上をもじった感じ、虎なのかトラネコなのか、まあちゃん。

15

【姓はTORAさん、名はMA~ちゃんDESU】

【メンヘラ弁慶!?】

16

【切ったら血が出るのは、新鮮なものを見分けるコツ!?】

17

【あわてん坊主が走る!! これがホントの師走(しわす)!】

18

16 | ダジャレというか……そのまんまだが、ネタ元である弁慶が、京都の五条大橋で弁慶の泣き所を、なぜか自分で!! 自傷行為……。そして夜空と海とヤシの木の例の背景。五条大橋っぽさが見当たらない。
17 | いや、涙出ちゃってるし……自傷行為……。FRESH＝新鮮 CLASS＝組で京都しんせんぐみ。弁慶の泣き所といい、京都で歴史的なダジャレの場合は自傷行為になりがちなのか。
18 | 「あわてんぼうのサンタクロース」ならぬ「あわてんボウズ」。単なる信教の違いなのか。

【「悪しからず」と「足」】

19

20

19 | 「悪し」と「足」。「とりあえず…SUKI ♥」の軽さ！

20 | こちらも足。あんよはダイコン。大根足のことでしょう。裏側にはいろんな野菜と新選組。これも新鮮ということかもしれない。裏と表で２種類のダジャレ。大根は京都と関係ないようで、京野菜の聖護院大根を指していると思われる。形が丸っこいのも特徴。

【“足”つながりで、やんわりとしたdis】

【100円は、なんと飛躍縁】

オマケ

■ファみやげではないけれど……。

【御授縁】

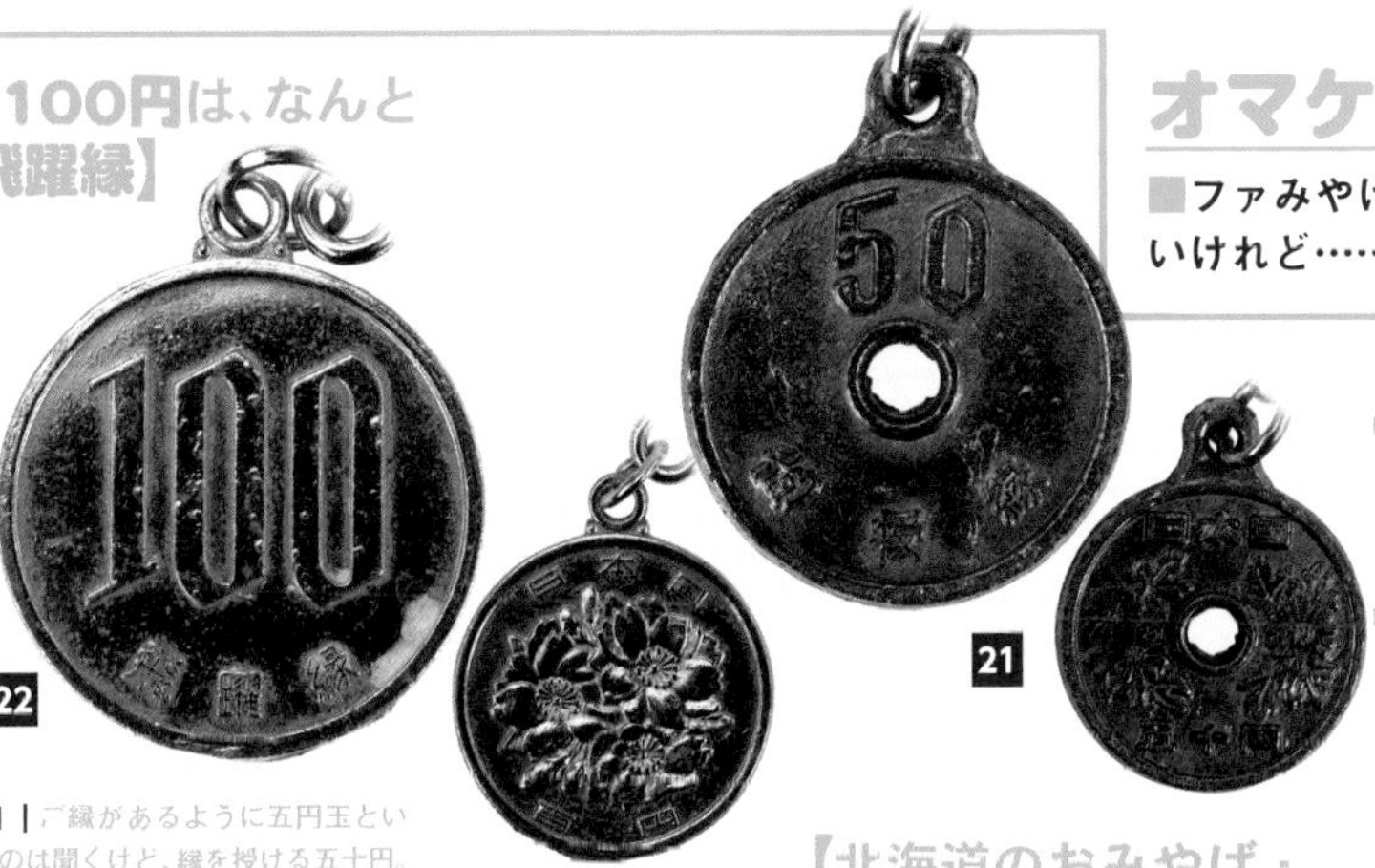

22

21

21 | ご縁があるように五円玉というのは聞くけど、縁を授ける五十円。
22 | ひやくえん。縁が飛躍してしまったらどうなるのだろう……。

【北海道のおみやげ・木彫りのフクロウ】

【北国DE木彫るだあ！】

23

23 | 木彫りで、木ぃ彫るだあ。キーホルダー……。木彫り職人さんの意気込みが感じられる。北海道には、すぐ南の東北地方からの入植者も多いため、東北訛りに近い方言もある（現地でこう言うかは不明）。

このようにダジャレを使ったアイテムは枚挙にいとまがありません。いかに子どもがダジャレ好きか、または**「ダジャレ書いときゃ喜ぶでしょ」**と大人に思われていたか、よくわかります。しかし、全体の数からすれば少数なので、安易にダジャレに頼らずイラストやデザインの質で勝負……！とも考えられていたのかもしれません。ダジャレがあると、**むしろ恥ずかしくて持ち歩きたくない**と思う子どももいたでしょう。**致命的ですね。地名だけに。**

突☆着
ファンシー絵みやげ保護活動

レポート　編集部

日頃からフィールドワークを大切にしているメロさん。観光地の土産物店へ出向いてファンシー絵みやげや平成レトロなものを発掘&保護&情報収集している様子をお届けします！

⬆この日は江ノ島でファみ活することに。都内から行きやすく、昔から変わらないお店がちょこちょこあるので定期的にパトロールするそう。行きつけだけでなく、参道の店々の変化もチェック。

⬅⬇圧巻の商品数！ 所狭しと並ぶお宝の山を崩さないようにお店の人に荷物を預かってもらい（メロさんは気配り上手）、準備が整ったら、早速Let's ファみ活！

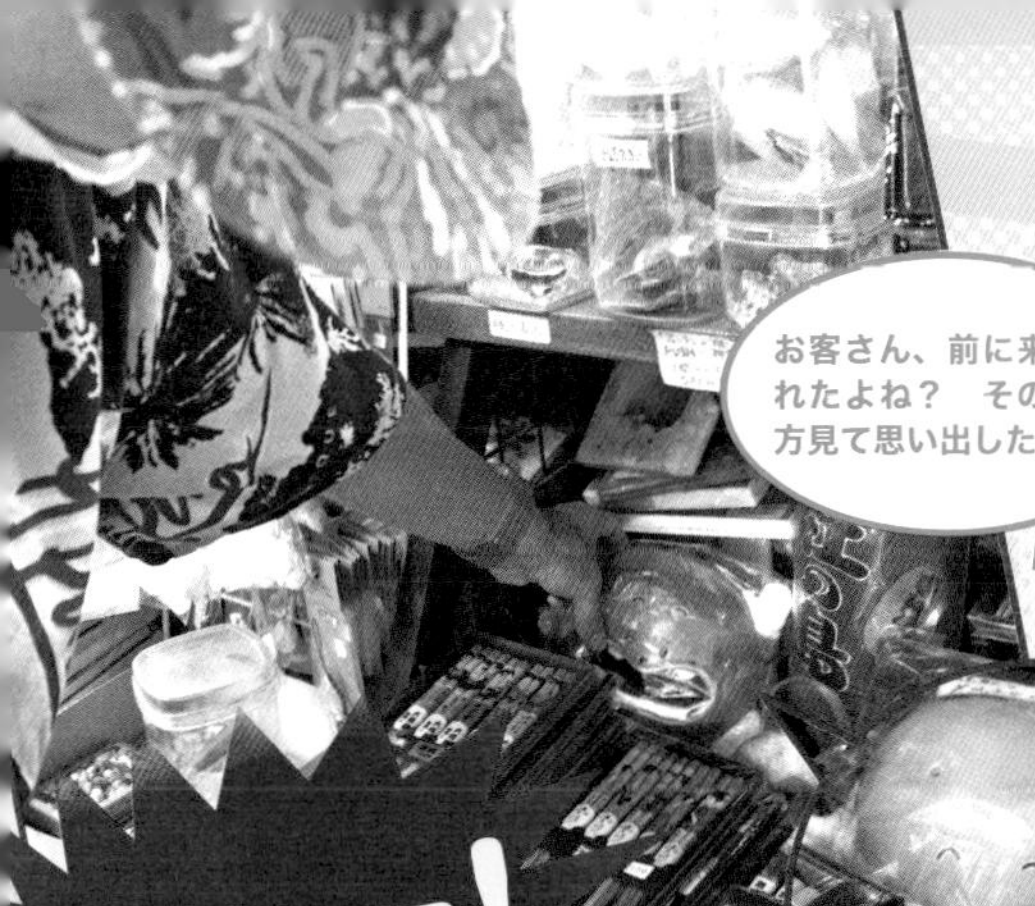
おおー！

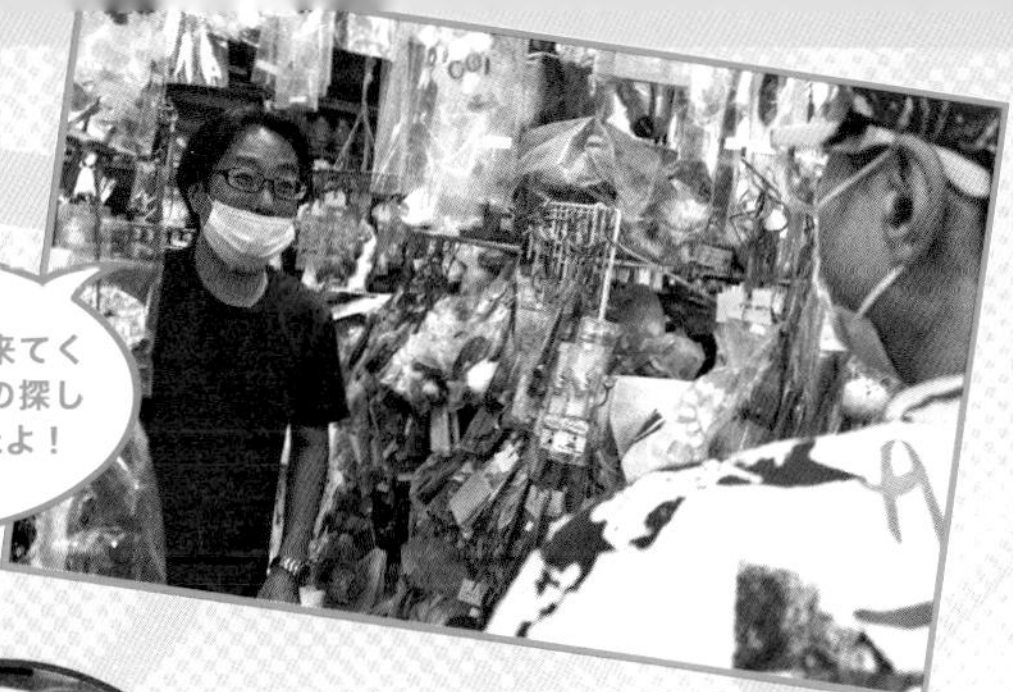
お客さん、前に来てくれたよね？　その探し方見て思い出したよ！

⬆取材時、コロナ禍まっただ中だったためマスクをしていたとはいえ、メロさんの特徴的なファッションよりも探し方で記憶の扉が開いたオーナーさん。

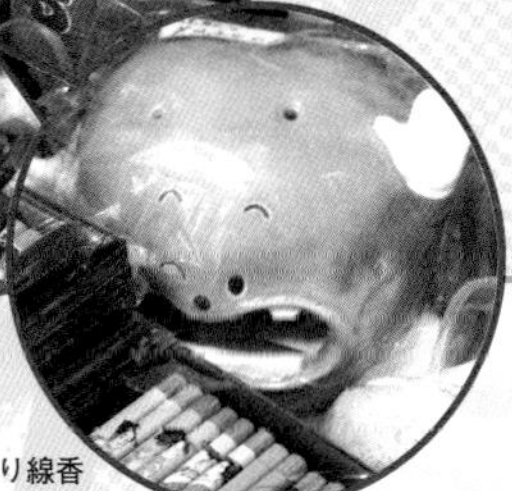

➡ジャガイモの蚊取り線香置きを発見！　野菜のキャラクターはレア（P.100 参照）なのでテンションが上がる。

■絵図屋／堀江商店

島案内などの絵図の販売から始まった、200 年以上続く観光土産店。江ノ島の入り口にある鳥居のそばにあり、昔懐かしい貝類を使った工芸品的ものから最新のお土産、ビーチ用の雑貨類なども扱う。みっちりと並ぶ商品数は圧巻！ 自分だけの宝探しが楽しめます。

▷神奈川県藤沢市江ノ島 1-4-17

▷ X：@ezuyahorie

⬆この日は他にも行きつけの土産店へ足を運び、メロさんのために取っておいたというサーファーのキャラクターアイテムなどを保護してついでに江ノ島観光へ。荷物を土産店に忘れてしまったため身軽に楽しんでいました（その後、親切なお店の方から連絡をもらって回収できたのでした）。

⬇はからずもペアルックのような出で立ちの店主がいる土産店に立ち寄るも収穫はなし。「なかった」という情報が収穫なのでそれはそれでヨシ！

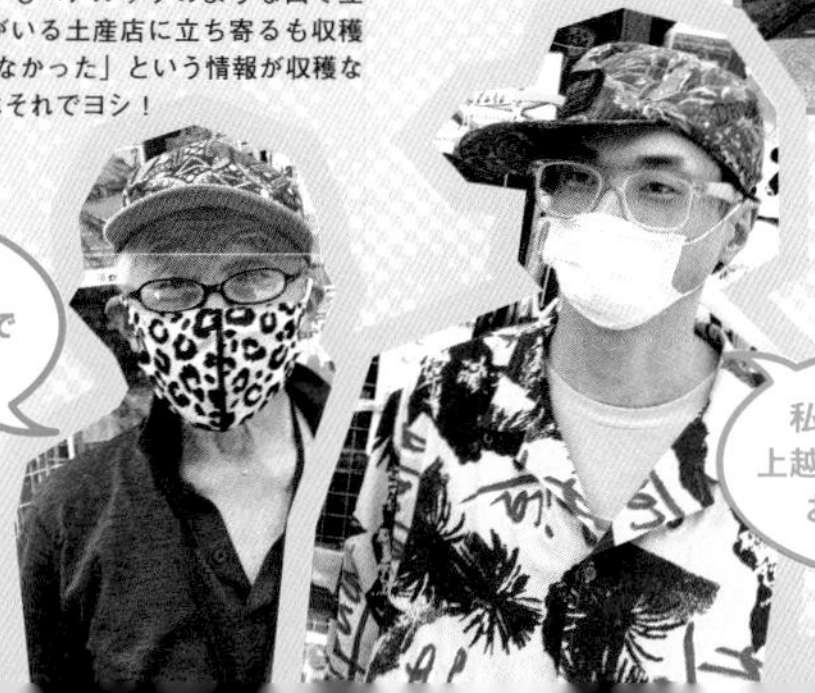
俺の帽子は100円ショップで買ったんだ！
私のは新潟県の上越国際スキー場のお土産です！

CHRONOLOGY

年	世間の出来事	万博・地方博覧会	大河ドラマ
1978	▽『キタキツネ物語』封切り	▽北海道こども博覧会 ▽宇宙科学博覧会	
1979	▽『キタキツネ物語』TV放映 ▽SONY「ウォークマン」発売	▽瀬戸内2001大博覧会(2001博)	【草燃える】
1980	▽北京からパンダのホアンホアンが上陸 ▽チョロQ発売		【獅子の時代】
1981	▽アニメ『Dr.スランプアラレちゃん』放映 ▽ドラマ『北の国から』放送	▽神戸ポートアイランド博覧会(ポートピア'81) ▽太陽エネルギーが拓く新時代・仁尾太陽博	【おんな太閤記】
1982	▽コンパクトディスク(CD)発売 ▽ラッコの展示開始 ▽東北新幹線・上越新幹線開業 ▽テレホンカード使用開始	▽ふくおか'82大博覧会 ▽'82北海道博覧会 ▽北方圏農林博覧会	【峠の群像】
1983	▽チェッカーズが「ギザギザハートの子守唄」でデビュー ▽映画『里見八犬伝』公開	▽'83新潟博覧会 ▽大阪城博覧会 ▽にっぽん新世紀博覧会	【徳川家康】
1984	▽エリマキトカゲブーム ▽オーストラリアからコアラ6頭が初上陸し、コアラブーム ▽映画『ゴジラ』公開	▽'84とちぎ博 ▽'84小樽博覧会 ▽名古屋城博 ▽'84高知・黒潮博覧会 ▽国際伝統工芸博覧会・京都	【山河燃ゆ】
1985	▽ロッテ「ビックリマンチョコ」悪魔vs天使シリーズ発売 ▽国際科学技術博覧会(つくば万博)開催	▽くにうみの祭典・淡路愛ランド博 ▽いわてピア'85	【春の波涛】
1986	▽アニメ『ドラゴンボール』放映 ▽エニックスからファミコン用ソフト『ドラゴンクエスト』発売 ▽日本で2頭目となる国内生まれのジャイアントパンダ、トントンが上野動物園で誕生 ▽映画『ビー・バップ・ハイスクール高校与太郎哀歌』公開	▽豊のくに中津大博覧会(豊のくにテクノピア) ▽北海道21世紀博覧会 ▽秋田博'86	【いのち】
1987	▽連続テレビ小説『チョっちゃん』放送 ▽ドラマ『幽幻道士 キョンシーズ』放送 ▽映画『私をスキーに連れてって』公開	▽葵博・岡崎'87 ▽'87世界古城博覧会 ▽'87未来の東北博覧会 ▽天王寺博覧会 ▽世界歴史都市博	【独眼竜政宗】
1988	▽ドラマ『来来！キョンシーズ』放送、キョンシーブームに ▽エニックスからファミコン用ソフト『ドラゴンクエストIII そして伝説へ…』(ドラクエIII)発売	▽世界・食の祭典 ▽瀬戸大橋架橋記念博覧会 ▽北摂・丹波の祭典 ホロンピア'88 ▽21世紀公園都市博覧会 ▽ひょうご'88食と緑の博覧会 ▽なら・シルクロード博覧会	【武田信玄】